현대청소년모델
성도미니코사비오

성요한보스코 지음·변기영 옮김

성바오로

San Domenico Savio

San Giovanni Bosco

Copyright © 1990 by ST PAULS, Seoul, Korea

ST PAULS
103-36 Songjung-dong Gangbuk-gu 142-806 Seoul Korea
Tel 02-9448-300, 02-986-1361 Fax 02-986-1365

머 리 말

　성인전이 많이 있지만, 성인이 직접 쓴 성인전은 그리 많지 않고, 더구나 성인인 스승이 성인인 제자의 일생에 대하여 직접 쓴 것은 매우 드물다. 이 책은 성요한 보스코가 직접 가르치고 지도하던 자기 제자의 일생을 자신이 직접 쓴 것이며, 특히 그 제자가 시성, 시복이 되기 훨씬 이전에 쓴 것이다.
　내가 소신학생들을 가르치고 있을 때 이미 이 꼬마 성인을 소개한 일이 있지만, 원래 「성도미니코 사비오 전」은 수십 종에 달하고 있다. 그중에서도 이 책은 다른 것들의 재료와 근거가 되는 것으로서, 세계 여러 나라의 가톨릭 청소년들과 교사들에게 많이 권장되고 읽혀지는 책 중의 하나이다. 그러므로 이번에 이 책이 우리말로 출간됨을 실로 기쁘게 생각하지 않을 수 없다.
　성인이 되기 위해서는 무슨 특별하고 굉장한 일을 남달리 해야만 되는 줄로 생각하고 있는 이들이 아직도 적지 않은데, 이 책은 이러한 이들에게 좋은 교훈과 모범을 주고 있다. 즉, 성인이 되기 위해서는 날마다 하는 평범한 일들을 즐거운 마음으로 하느님을 위하여, 하느님께 대한 사랑으로 정성껏 행하고, 또 날마다 당하는 괴로움을 겸손되이 참아 받으며 항상 명랑하게 생활하는 가운데 또한, 자기와 함께 살고 있는 이들을 사랑하고 도와주며, 자신과 남의 죄악을 멀리하려고 노력하는 가운데 그 비결이 있음을 제시해주고 있다.

따라서 아무쪼록 많은 신자들이 이 책을 읽고 부모님께서는 자기 자녀를, 선생님은 자기 학생들을 이 어린 성인처럼 잘 교육시키도록 힘쓰며, 또 어린이 여러분은 여러분과 같은 나이의 이 성인 친구를 본받아 모두 훌륭한 성인이 되도록 힘쓰기를 바란다.

끝으로 이 책을 통하여 우리 나라에도 성도미니코 사비오와 같은 훌륭한 어린 성인들이 많이 나오기를 간절히 바라는 마음에서, 이 책을 읽는 천진난만한 모든 어린 영혼들 위에 주님의 은총이 풍성히 내리기를 기도하는 바이다.

성도미니코 사비오 시성 13주년 축일에
빅토리노 윤 공 희 주교

사랑하는 소년들에게

 사랑하는 소년 여러분, 여러분은 여러분의 벗이었던 도미니코 사비오에 대하여 좀 써 달라고 여러 차례나 나에게 부탁하였습니다. 그래서 나는 여러분의 그 믿음의 열망에 조금이라도 보답하고자 이 책을 쓰게 되었습니다. 자, 이제 여기 그의 일생이 간단하고 뚜렷하게 쓰여져 있어 여러분이 매우 마음에 들 것이라고 생각합니다.
 이 책을 쓰는 데 있어서 두 가지 어려움이 있었습니다. 첫째는 아직도 많은 증인들이 살아 있는데 여러 가지 사실을 이야기하게 되면, 흔히 적잖은 비판을 당하게 되기 때문입니다. 그러나 여러분과 내가 직접 보았던 일들과 또 여러분의 손으로 직접 쓰고, 서명까지 하여 아직까지 여기 보관하고 있는 사실만을 씀으로써 이 첫번째의 어려움을 무난히 넘길 수가 있었습니다. 둘째로 이 책을 쓰는 데 있어서 또 어려웠던 점은, 나 자신에 대하여 꽤 많은 부분을 이야기해야 되기 때문이었습니다. 그 이유는 그가 약 3년간이나 이 집에서 살았고, 또 자주 나와 이야기했던 것 중에서 내 자신에 관한 부분도 들어 있기 때문입니다. 그러나 나는 어떤 인물에 얽매이지 않고 있는 그대로를 차례차례로 이야기함으로써, 이 어려움도 역시 잘 넘기게 될 것이라고 믿습니다. 하여튼 이 책이 여러분의 마음을 기쁘게 해준다면 그것은 나의 죽은 벗과 여러분에 대한 내 애정의 표시라고 여기기 바랍니다. 이러한 나의 애정은, 마치 어떤 아버지가 자기 자녀들에게 대하여 지니듯이 내 마음속을 여러분에게 터놓게 합니다.

여러분 중에 어떤 사람은 또 이렇게 묻게 될지도 모르겠습니다. "왜 하필이면 도미니코 사비오의 일생에 대해서 쓰는가? 우리와 같이 지내던 벗들 중에도 덕행의 거울이 되고, 이름이 알려졌던 소년들이 많은데…"라고 말입니다. 사랑하는 소년 여러분, 물론 여러분의 그러한 생각도 옳다고 하겠습니다. 하느님의 섭리는 너무나 감사하게도 덕행의 본보기가 될 만한 여러 소년들을 우리에게 많이 보내주셨습니다. 예컨대, 화시오 가브리엘, 루아 루이지, 가비오 가밀로, 요한 마샬라, 거기다가 다른 소년들도 적잖이 있습니다. 그러나 그들의 행적은 도미니코 사비오의 행적처럼 주목할 만한 것이 못되고 또 특별한 것이 아니라고 봅니다. 실제로 사비오의 어린 시절은 뚜렷이 남다른 점이 많을 뿐더러, 실제로 놀랄 만한 것이었습니다. 하여간 하느님께서 나에게 건강과 은총을 허락해 주신다면, 나는 우리와 함께 기쁨과 슬픔을 나누던 벗들의 행적을 수집, 기록할 마음이 있으며 또한 이 책 속에서 여러분이 읽고 본받을 것이 많으리라고 생각합니다.

이제 이 새로 내는 책에는 갖가지 설명되는 것을 덧붙였습니다. 이것은 그 전에 출판된 책을 읽었던 사람들에게도 어느 정도 흥미가 있으리라고 생각합니다.

이 책이 많은 도움이 되기를 바라면서 다음과 같은 성아우구스티누스의 말씀을 여기에 되풀이해 볼까 합니다. "남은 했는데 나라고 못 할 게 있는가?". 만일 어떤 벗이 우리와 같은 시대, 같은 환경 속에서, 가령 어느 한 쪽이 우리보다 더욱 어렵고 위험한 처지인데도 예수님을 충실히 따르고 그분의 삶과 일치를 이루고 살아간다고 할 때, 우리는 왜 그렇게 못한단 말입니까?

소년 여러분! 진정한 신앙심이란 말에만 있지 않다는 것을 잊지 말기 바랍니다. 실천에 옮길 필요가 있습니다. 그러니 만일 이 책 속에서 감탄할 만한 것이 발견될 때에는 "야, 참 훌륭하구나!", "정말 기가 막히는군!" 하고 입으로 칭찬만 하지 말고, "남의 행적을 읽고 알았으니, 나도 본받도록 최선을 다하겠다!" 하고 마음을 단단히 가져야 할 것입니다.

이제 나는 하느님께서 여러분과 이 책을 읽는 모든 사람들에게 읽은 그 만큼의 영신적 이익을 섭취할 수 있도록 건강과 은총을 내려주시기를 기도합니다. 그리고 어린 사비오가 그렇게 열렬히 자신을 바쳤던 성모 마리아께는, 우리로 하여금 우리의 조물주를 온전한 마음과 온전한 정신으로 사랑할 수 있도록 도와주시며 특히, 하느님만을 홀로 무엇보다도 사랑하며 우리 일생의 모든 날에 그분만을 섬길 수 있도록 도와주시기를 기도하는 바입니다.

1859년 1월
사제 요한 보스코 씀

차 례

머리말 / 3
사랑하는 소년들에게 / 5

제 1 장
도미니코 사비오의 천성 / 13

제 2 장
모리알도 마을에서의 아름다운 덕행 / 17

제 3 장
첫영성체 - 정신수련과 그날의 결심 / 20

제 4 장
아스티의 카스텔노바 학교에서의 생활 / 24

제 5 장
아스티의 카스텔노바 학교에서의 그의 품행 / 29

제 6 장
몬도니오 학교에서 - 커다란 누명을 참아받으면서 / 32

제 7 장
도미니코 사비오와의 첫 만남 / 35

제 8 장
성프란치스코 살레시오 학원에서 / 39

제9장
라틴어 공부와 재미있는 사건들 / 43

제10장
성인이 되겠다는 그의 각오 / 51

제11장
영혼들을 구하려는 그의 결심 / 55

제12장
학우들과 같이 생활할 때의 태도와 몇가지 일화 / 61

제13장
그의 기도하는 정신과 성모님께 대한 신심 / 67

제14장
개인적 성사 / 71

제15장
고행 보속과 천진 무구함 / 76

제16장
마음의 순결 / 79

제17장
무염시태 성모회 / 85

제18장
도미니코와 가밀로 가비오 / 90

제19장
도미니코와 요한 마샬라 / 94
제20장
특별한 은혜와 구체적 현실들 / 101
제21장
밤이 되면 / 108
제22장
기숙 학원에서의 마지막 날들 / 112
제23장
도미니코가 기숙 학원을 떠나던 날 / 116
제24장
세상은 싸움에서 졌다 / 119
제25장
아름다운 환상 / 124
제26장
기숙 학원의 슬픔 / 129
제27장
도미니코는 우리 기숙 학원을 축복해 주었습니다 / 134
끝말 / 138

1
도미니코 사비오의 천성

 지금 우리가 그 생애를 알아보려고 하는 이 어린 소년의 양친은 아스티의 카스텔노바의 사비오 카를로와 아스티 체레토의 브리지타 가야타입니다.

 1841년 이 착한 부부는 몹시 가난하고 또 일거리도 없고 해서 키에리에서 8킬로미터 떨어진 리바의 산죠반니 마을로 이사해 거기서 가장인 카를로는 어린시절부터 해온 대장간 일을 하기 시작하였습니다.

 이 마을에서 사는 동안 하느님께서는 그 부부의 혼배를 축복하시어 한 아들을 태어나게 해주셨습니다. 그래서 도미니코 사비오는 1842년 4월 2일에 탄생하였습니다. 양친은 그를 영세시키고 도미니코라는 이름을 지어주었습니다. 그저 무심히 지은 이름이었지만 앞으로 우리가 읽게 되겠듯이 이 이름이 우리 꼬마에게는 드높은 묵상의 제목이 되었습니다.

 도미니코가 두 살 되었을 때, 양친은 가정 사정으로 인하여 다시 고향으로 되돌아갈 것을 생각하던 끝에 마침내 아스티의 카스텔노바의 모리알도라는 마을로 이사와 살게 되었습니다.

 그 착한 양친에게 한 가지 걱정이 있었다면, 그것은 어떻게 하면 자녀들에게 그리스도교 교육을 시킬 수 있을까 하는 것 뿐이었으며, 그내부터 그것은 항상 그들의 소원이 되었습니다. 도미니코는

태어나면서부터 천성적으로 착한 성품을 타고났으며 특히 신심면에 있어서는 정말로 특수한 성품이었습니다.

겨우 4 세밖에 되지 않았을 때 벌써 그는 놀랄 만큼 쉽게 아침기도와 저녁기도를 혼자 바칠 줄 알았습니다. 또 보통 아이들 같으면 투정이나 부릴 나이인데도 그는 모든 면에 있어서 엄마에게 여쭈어 스스로 할 줄 알았습니다. 또 때때로 혼자 있게 될 때는 집안의 구석진 장소에 가서 오랫동안 기도를 하기도 했습니다. 그의 양친은 다음과 같은 이야기를 합니다.

"보통 다른 아이들 같으면 거의가 철이 들지 않았기 때문에 제 엄마에게 투정이나 부리고 짜증이나 내며 어른들에게 몹시 성가시게 굴고 그럴 텐데, 도미니코는 어려서부터 한 번도 우리에게 말썽을 부리며 귀찮게 굴거나 짜증을 낸 적이 없었습니다. 그애는 항상 시키는 대로 즉시 했을 뿐 아니라, 우리에게 기쁨이 되리라고 생각되는 일이면 시키지 않아도 스스로 알아서 하곤 하였습니다."
 평상시 일을 마치고 집으로 돌아오는 아버지를 보면 그는 좋아라 뛰어나가 반기는 아주 귀여운 재롱둥이였습니다. 그는 아버지에게 뛰어가 아버지의 손을 잡고 걸어가며 이렇게 말하곤 했습니다. "아버지 일하시기 힘드시죠? 아버지는 저를 위해서 이렇게 애쓰시는데, 저는 항상 아버지께 귀찮게만 해드리니 참 나쁜 아이예요. 우리 착하신 하느님께 기도할게요. 아버지께 항상 건강을 주시고 나는 착한 아이가 되게 해 달라고 열심히 기도할게요." 아버지의 손을 잡고 집에 들어와서는 아버지를 어루만지고 매달리곤 하다가 얼른 의자를 갖다 아버지를 앉게 하였습니다. 그의 아버지 말에 의하면, 귀여운 도미니코를 안아주고 싶어서 하루종일 못 견딜 지경이었다고 합니다. 하여간 도미니코는 아버지의 마음을 완전히 사로잡고 있었다 합니다.
 도미니코 사비오의 믿음은 그 나이에 비해 더욱 성숙해져 있었습니다. 4세밖에 되지 않은 그에게 아침기도와 저녁기도, 식사 전후의 기도문이나, 삼종기도 등을 바치라고 일러줄 필요가 없을 정도였습니다. 오히려 집 안에 있는 다른 가족들이 깜빡 잊어버리면 그 꼬마가 기도하도록 그들을 일깨워주곤 하였습니다.
 한 번은 이런 일도 있었습니다. 어느 날 그의 양친은 분심이 들어서 기도하기를 잊어버리고 그냥 식탁에 앉으려고 하였는데, 그때 도미니코는 "아버지 아직 식사 전의 기도를 안했는데요" 하고는 먼저 성호를 그은 다음 성호경을 외우는 것이었습니다.
 또 어느 날은 지나가는 손님이 그의 집에 와서 식사를 같이 하게 되었는데 그 손님은 아무런 기도도 하지 않고 그냥 먹기 시작하였습니다. 도미니코는 감히 그 사람에게까지 일깨워 주지는 못하고 몹시 못마땅해하면서 방 한쪽 구석으로 물러가 있었습니다. 나중에 "왜 식사를 하지 않고 그랬느냐?"고 물으시는 부모님에게 그는 "짐승처럼 먹을 줄만 아는 사람하고는 같이 식사하기가 싫어서 그랬어요."라고 대답하는 것이었습니다.

2

모리알도 마을에서의 아름다운 덕행

우리는 여기서 만일 사실을 말해주는 이들이 우리의 의심을 풀어주지 않는다면, 믿기 어려운 사실들을 읽게 될 것입니다. 우선 나는 그 동네의 본당 신부님이 자신이 몹시 사랑하고 귀여워하던 그 어린이를 나에게 소개하면서 하던 몇 마디 말을 이야기하고 싶습니다.

"내가 처음 이 모리알도에 와서 한 5세 가량 되는 어린아이가 자기 엄마하고 자주 성당에 오는 것을 보았는데, 그 아이의 외모에 나타나는 귀염성과 명랑함, 그리고 그 침착함과 정성이 깃들인 믿음의 태도 등은 항상 나와 다른 이들의 시선을 끌었습니다. 보통 다른 아이들 같으면 성당에 와서 만일 문이 잠겨 있는 것을 보고 그저 이리저리 쏘다니기도 하며 시끄럽게 소란을 피우고 할 텐데, 그 아이만은 성당 문 가까이에서 무릎을 꿇고, 고사리 같은 손을 모아 가슴에 대고는 성당 문이 열릴 때까지 기도하였습니다. 더욱이 비나 눈이 와서 땅이 몹시 질어도 상관하지 않고 여전히 무릎을 꿇고 기도하였습니다. 경탄하고 너무나 감동한 나머지 나는 도대체 이 꼬마가 어느 집 아이며 누군지 알고 싶었습니다. 그래서 나중에 알아보니, 바로 대장장이 카를로 사비오의 아들이었습니다.

그후 언제인가 길에서 그 아이를 만났는데, 그 아이는 멀찍이서 아주 기뻐하는 기색으로 공손하게 먼저 인사를 했습니다. 그 아이가 학교에 다니기 시작하면서 재주는 빛을 발했습니다. 언제나 제 할일

은 부지런히 다 해놓았으며, 공부에 있어서도 짧은 기간 안에 크게 발전했습니다. 어쩌다가 불량한 아이들과 만나 할 수 없이 같이 말하게 되는 경우에도 서로 말다툼 하는 것을 한 번도 본 적이 없습니다. 그리고 만일 어떤 때에 말다툼이 생겼을 경우에도 그 아이는 제 친구들의 나쁜 욕설을 참아 받았으며 한 번 겪어본 그런 아이들과는 만나는 것을 피했습니다.

나는 학교에서 그 아이가 한 번이라도 어떤 위험하고 좋지 않은 일에 가담하거나, 다른 아이들하고 함께 소란을 피우거나, 말썽을 일으킨 것을 본 적이 없습니다. 그리고 오히려 저보다 나이 많은 아이들이 나쁜 곳에 놀러 가자고 한다든가, 돌팔매질하여 남의 과일을 몰래 훔쳐 따 먹는다든가 하는 일에 꾀임을 받을 때마다, 그는 그런 꾀임을 어떻게 거절해야 하는지도 잘 알고 있었습니다. 결코 그런 꾀임에 빠져 같이 어울린 것을 본 적이 없습니다.

그리고 그 전에 성당 문 앞에 와서 기도하던 그의 정성은 나이를 먹어 감에 따라 조금도 줄지 않았습니다. 그는 매우 정성껏 복사를 했습니다. 또 다른 아이가 복사를 하게 되는 경우에도 열심히 그 미사에 참례하거나, 혹은 아주 엄숙한 태도로 곁에 서서 도와주었습니다. 너무나 나이가 어리고 작아서 미사 경본을 옮길 수도 없을 정도였습니다. 특히 제대 곁에 서서 온갖 정성을 다하고 있는 그를 보면, 정말 한없이 귀엽고 거룩해 보이기까지 하였습니다. 그리고 온 힘을 다 기울여 사제가 독서하는 의미를 알아 들으려 애를 쓰는 것 같았습니다. 만일 미사 경본을 대신 옮겨주면 아주 고마운 일처럼 생각하였으며, 사제의 독서하는 내용을 이해하려고 가까이 다가가곤 하였습니다. 그는 언제나 아주 기쁘고 즐거운 마음으로 미사 경본을 제대 좌우로 옮기곤 하였습니다. 자주 고해성사를 보았으며, 천상적 빵과 지상의 빵을 분별할 수 있어 영성체를 할 허락을 받자 지극한 정성으로 열심히 성체를 받아 모셨습니다.

이 천진 난만한 영혼 속에서 하느님의 은총이 하시는 일을 볼 때에, 나는 속으로 아래와 같이 몇 번을 기도해 보았는지 모릅니다.

"크게 기대할 아이로군! 하느님, 이 고귀한 열매가 온전히 여물 수 있도록 이 아이에게 길을 열어 주옵소서!"

이상이 모리알도 본당 신부님의 말씀입니다.

3

첫영성체 – 정신 수련과 그날의 결심

첫영성체를 하기 위해서 도미니코 사비오에게는 아무것도 부족한 것이 없었습니다. 그는 교리문답을 전부 외고 있었으며 이 성사의 참뜻을 똑똑히 알고 있었고, 열렬히 성체 모시기를 원하고 있었습니다. 다만 그 당시 시골 본당에서는 아이들이 첫영성체를 하려면, 적어도 11세나 12세는 되어야 했었기 때문에, 나이가 너무 어리다는 것뿐이었습니다. 그는 겨우 7세이었기 때문입니다. 더구나 도미니코는 제 나이에 비해 더 작고 어렸기 때문에 본당 신부님은 주저하지 않을 수 없었습니다. 그리하여 다른 본당 신부님들과 의논하기로 했습니다. 그 결과 무엇보다도 도미니코가 영성체에 대한 충분한 지식을 가졌을 뿐 아니라, 진심으로 열렬히 원하고 있다는 이유로 모두들 그에게 첫영성체를 허락하기로 하였습니다.

이 기쁜 소식은 그의 마음을 거룩함으로 꽉 채우고도 남았으며, 말과 글로서는 도저히 표현할 길이 없을 정도였습니다. 그는 집으로 헐레벌떡 돌아와서는 우선 이 기쁜 소식을 엄마에게 전했습니다. 그는 기도하고, 읽고, 또 기도하곤 했습니다. 그는 미사가 시작하기 전과 끝나고 난 후에도 성당에 오랫동안 머물러 있었으며, 정말 그의 영혼은 천상의 천사들과 더불어 함께 있는 듯했습니다. 그는 첫영성체하기 바로 전날 밤에 어머니에게 말했습니다.

"엄마, 내일 첫영성체를 하게 돼요. 지금까지 엄마에게 잘못한

것을 모두 너그럽게 용서해주세요. 이제 앞으로는 더욱 착한 아이가 될 것을 약속할게요. 지금부터는 학교에서 공부에만 열중하고 엄마가 시키는 대로 무엇이든지 착한 마음으로 열심히 할게요."

이렇게 말한 도미니코는 얼마나 진실한 것이었고, 감격되었는지 그만 울음을 터뜨리고 말았습니다. 오히려 도미니코에게서 위로를 받곤 했던 그의 엄마도 너무나 감동이 되어 눈물을 글썽거렸습니다.

"그래, 도미니코야, 아무 걱정하지 말아라. 벌써 모두 다 용서했는 걸. 다만 하느님께 착한 아이가 되게 해달라고 기도드려라. 그리고 엄마와 아빠를 위해서도 기도하고……."

엄마는 말을 다 맺지도 못하고 그의 머리와 등을 어루만져주었습니다.

그날 아침에 일어나면서부터 첫영성체에 대한 생각으로 꽉 찬

사비오가, 입던 옷 중에서 제일 좋은 것으로 입고 성당에 일찍 갔으나 문이 아직 열려 있지 않았습니다. 그는 언제나 하던 대로 성당 앞에서 기도하기 시작했으며, 한참 후에는 다른 몇몇 아이들도 와서 함께 문이 열릴 때까지 기도하였습니다. 고해성사와 영성체 준비, 감사 기도 등의 예절은 약 다섯 시간이나 걸렸습니다. 도미니코는 제일 먼저 성당에 들어가서 맨 나중에야 성당에서 나왔습니다. 그때 도미니코는 자신이 천당에 있는지, 땅 위에 있는지도 알지 못할 정도였다고 합니다.

그날은 그에게 있어서 참으로 영원히 잊을 수 없는 날이었으며, 또한 어떤 그리스도교 신자에게라도 본보기가 될 수 있는 그의 일생의 참다운 출발의 날이요, 실천의 날이라고 할 수 있을 것입니다. 몇년 후에 그가 그 첫영성체에 대해서 말할 때, 그의 얼굴에는 여전히 생생한 기쁨이 넘쳐 흐르고 있었습니다.

"그날이 정말로 내게는 가장 아름답고, 큰 기쁨의 날이었어!"

그는 어떤 책 속에다 자기의 첫영성체에 대한 결심을 몇 마디 적어 놓고는 자주 꺼내서 읽어 보곤 하였습니다.

나는(성요한 보스코 자신을 말함-옮긴이 말) 그 결심에 대해서 써 놓은 것을 손에 넣을 수가 있어서 여기에 옮겨 보는데, 특히 그 내용 모두를 그대로 보여 주고자 합니다. 그것은 이렇게 되어 있습니다.

"잊지 말고 꼭 기억해 둘 것. 도미니코 사비오, 1849년 7세로 첫영성체 기념."

1. 자주 고해하고 고해 신부님의 허락이 있으면 항상 영성체하겠다.

2. 축일을 거룩하게 지내겠다.
3. 내 친구는 예수님과 성모 마리아님.
4. 차라리 죽을지언정 죄를 짓지는 않겠다.

도미니코는 이 결심을 자주 꺼내어 읽어 보았으며, 그때부터 죽을 때까지 그의 일생의 모든 행동을 이끌어 주고 다스리게 되었습니다.

만약 이 책을 읽는 친구들 중에 앞으로 첫영성체할 어린이가 있다면, 나는 진심으로 우리 도미니코 사비오를 본받도록 권하고 싶습니다. 또한 모든 부모님들에게도 내가 알고 있고 또 할 수 있는 한, 어린이들을 가르치고 교육시키는 여러분에게 이 첫영성체라는 성사에 있어서 도미니코의 믿음 행위를 본받도록 권하고 싶습니다. 첫영성체는 정말로 각자의 일생을 통하여 튼튼한 품행의 기초를 이루어 주게 합니다. 첫영성체를 훌륭하게 열심히 잘 하고서 착하고 열심한 생활을 꾸준히 하지 않는 사람을 거의 볼 수가 없습니다. 그러나 정반대로 품행이 좋지 못한 소년들, 특히 부모님과 선생님의 걱정과 실망을 시키는 소년들을 많이 보게 되는데, 그들의 생활의 뿌리를 잘 살펴보면, 신앙 생활의 출발인 첫영성체를 잘 준비하지 않고 아무렇게나 해버린 사실을 알게 됩니다. 첫영성체를 제대로 못할 바에야 차라리 그것을 미루어 좀 늦더라도 충실히 하는 것이 훨씬 낫다고 봅니다.

4

아스티의 카스텔노바 학교에서의 생활

 초등 기초 교육을 마친 도미니코는 공부를 계속하기 위해 어디로든 떠나야만 했습니다. 그가 살던 시골에서는 더 이상 배울 학교가 없었기 때문입니다. 그것은 도미니코 자신도 물론 간절히 바라고 있던 것이지만, 그의 부모님이 더욱 원하고 있었습니다. 그러나 가난하기 때문에 그 소원을 이룰 수가 없었습니다. 하지만 모든 것의 주이신 하느님께서는 이 어린이에게 꼭 필요한 방법을 내려 주시어, 당신이 부르신 그 길을 계속 걸어가도록 하셨습니다.
 "아! 내가 만일 날개 있는 새라면 카스텔노바까지 아침 저녁으로 날아다니며 공부를 계속할 수가 있으련만……."
 이렇게 도미니코는 속으로 혼자 자주 생각해 보았습니다.
 공부하고자 하는 그의 간절한 바람은 모든 어려움을 이겨나가게 하였으며 비록 십리가 넘는 길이지만 읍내에 있는 공립학교에 다닐 결심을 하도록 만들었습니다. 이리하여 10세밖에 되지 않은 어린아이로서 매일 왕복 16킬로의 통학길을 걸어다니게 되었습니다. 추울 때나 더울 때, 바람이 몹시 불거나 비가 올 때, 그리고 눈이 오는 날도 아랑곳없이 그는 열심히 학교에 다녔습니다. 그렇게 가난한 가운데 먼 길을 걸어서 다니다 보니 힘든 일이 무척 많았지만 도미니코는 그런 어려움을 다 이겨냈습니다.
 학교에 가서는 부모에 대한 순종과 영원한 구령에 대해서 더 많이

배우게 되었습니다. 이런 공부가 그로 하여금 모든 불편과 괴로움을 더욱 열심히 참아 받게 하였습니다.

어느 무더운 여름날, 어른 한 사람이 동정하는 얼굴로 도미니코에게 물었습니다.

"애야, 이 먼 길을 너 혼자 가면 무섭지 않니?"

"저는 혼자 가지 않아요. 언제나 저의 수호천사와 같이 다니는 걸요."

"그렇지만 하루 네 번씩이나 이 길을 왔다갔다하자니 꽤 힘이 들지?"

"아니예요. 주님을 위해서는 조금도 피곤하지도 않고 괴로운 일도 아니예요."

"그 '주님'이라는 분이 도대체 누구신데?"

"물 한 방울까지도 다 은총으로 주신다는 조물주 하느님이시죠!"

몇 년 후에까지 그 사람은 자기의 친구들에게 다음과 같이 곧잘 말하곤 하였습니다.
"이 아이는 무엇을 하든지 크게 될거야!"
학교에 오고가는 도중, 그는 친구들 때문에 때때로 영혼에 커다란 위험을 당하는 적도 있었습니다. 무더운 여름날이면 아이들은 옷을 벗고 도랑이나 웅덩, 개울물 같은 곳에서 헤엄치기를 좋아합니다. 이것은 대단히 위험하기도 할 뿐더러 때때로 한심한 일도 일어나게 됩니다. 몸에도 위험하지만 특히 영혼에 끼치는 해독은 이만저만이 아닙니다. 나쁜 친구들과 함께 목욕하며 노는 가운데 얼마나 많은 어린이들이 그 천진난만하고 깨끗한 순결의 덕을 잃어버리고 있는지 모릅니다.
사비오의 친구들도 마찬가지로 자주 목욕하러 가는 습관이 있었습니다. 그 아이들은 저희들끼리만 가면 재미가 없기 때문에 한번은 도미니코를 데리고 갔습니다. 아이들과 함께 목욕하러 가는 것이 몹시 위험한 것임을 알게 된 그는 마음속으로 깊이 뉘우치고는 다시는 가지 않겠다고 단단히 결심했습니다. 그때 그는 영혼과 육신이 위험 속에 있었던 것을 깊이 느꼈기 때문입니다. 그런데 며칠이 지난 후에 도미니코와 좀 사이가 가깝다고 할 수 있는 두 친구가 찾아왔습니다.
"도미니코야, 오늘 놀러가자."
"어디로 놀러가니?"
"목욕도 하고 수영도 할 수 있는 곳으로 말이야."
"싫어, 난 안 갈 테야. 난 수영할 줄 모르기 때문에 물에 빠질지도 몰라."
"가자. 아주 재미있어. 수영하고 나면 아주 시원해. 그리고 건강에도 좋아."

"글쎄, 위험해서 안 간다니까."

"그건 걱정하지마. 우리가 수영하는 법을 가르쳐 줄게. 우리가 시키는 대로만 하면 수영하는 법을 배울 수 있어. 그리고 조금만 연습하면 물고기처럼 왔다갔다 할 수도 있어. 나중에는 아무렇지도 않게 돼."

"그렇지만 그런 위험한 장소에 가면 죄가 되잖아? 내 생각에는 ……."

"죄는 무슨 죄야? 모두들 가는데, 괜찮아."

"그것이 죄가 안된다는 것은 아니잖아?"

"네가 꼭 그렇게 수영하기 싫다면, 너는 물 속에 들어가지 말고 둑에 올라가 우리가 하는 것을 구경이나 해."

"글쎄 난……."

도미니코는 어떻게 해야 할지 몰라 머뭇거렸습니다.

"얘, 빨리 와. 같이 가자니까? 괜찮아, 네가 만일 물에 빠지면 우리가 구해 줄게."

"가만 있어 봐. 가기 전에 먼저 엄마한테 여쭈어 보고 만일 가도 좋다고 하시면 가고, 그렇잖으면 안 갈 테야."

"야, 너 참 순진하구나. 너의 엄마에게는 이야기하지마. 이야기하면 분명 가지 못하게 하실 텐데 뭐. 그리고 우리 엄마나 아버지께 말씀하시면 우리까지 집에 가서 꾸중듣는단 말야."

"어쨌든 우리 엄마가 가지 못하게 하시면 그것은 죄가 되거나 아니면 나쁜 일일 테니까, 난 안 갈 테야. 그리고 어차피 말이 났으니 한 마디 더 하겠어. 언젠가 한 번 내가 너희들하고 같이 간 적이 있었는데, 그곳은 물에 빠질 위험도 있지만 하느님께 죄를 짓기 쉬운 위험도 있었어. 그래서 난 그때부터 다시는 가지 않기로 했어. 그러니까 수영하러 가자는 말은 나에게 더 이상 하지 말아 주었으면 좋겠어. 그리고 너희들도 너희 부모님께서 좋아하시지 않고 또 걱정을 끼치는 일이거든 가지 않는 것이 좋을거야. 왜냐하면 하느님께서는 부모님 말씀을 잘 듣지 않는 사람들을 벌하시니까 말이야!"

　이와 같이 우리 도미니코 사비오는 나쁜 친구들의 유혹에 아주 슬기로운 대답으로 영혼의 위험을 피했습니다. 만일 어떤 친구가 그런 위험에 떨어져 나쁜 아이들과 함께 한다면, 아름답고 순결한 보배를 잃게 될지도 모르며, 또 이 덕을 잃음으로써 흔히 여러 가지 슬픈 일이 생기게 되는 것입니다.

5

아스티의 카스텔노바의 학교에서의 그의 품행

 도미니코가 친구를 사귈 줄 알기 시작한 것은 바로 이 학교에 다니기 시작한 때부터였습니다. 그는 만일 누군가가 공부도 잘하고 선생님 말씀도 잘 듣고 자기가 맡은 청소나 기타 다른 일도 잘하여, 선생님에게 칭찬을 듣는다면 즉시 친구가 되었습니다. 이와는 반대로 거만하고 공부도 하지 않으며 제 할일은 하지 않고 불량한 말과 행동을 하는 친구는 마치 전염병처럼 여기고 피했습니다. 그리고 게으르고 생각이 깊지 않은 아이들하고는 이야기 정도는 하고 지냈지만, 친구로 사귀지는 않았습니다.
 아스티에 있는 카스텔노바의 학교에서의 도미니코의 품행은, 지식과 덕행에 있어서 발전하기를 바라는 학생이면 누구나 본받아야 할 모범이 되었습니다. 그래서 나는 그 당시 도미니코의 선생님인 돈 알로라 알렉산드로가 적어 보낸, 그의 생활록을 흘려버릴 수가 없습니다. 거기에는 이렇게 쓰여 있습니다.
 "도미니코 사비오에 대해서 나의 소견을 말하게 된 것을 나는 더없이 기쁘게 생각합니다. 그는 학교에 입학한 후, 곧 나의 마음을 끌었습니다.
 그래서 나는 마치 그의 아버지와도 같이 그를 사랑하게 되었습니다. 나는 아직도 그의 학업과 품행에 대해 아주 생생하고 뚜렷하게 여러 가지를 기억하고 있습니다. 물론 그의 신심에 대해서 많이 말씀드릴 수는 없습니다. 왜냐하면 그는 멀리 떨어진 마을에서 학교에 다니고 있었고, 또 평일 미사나 교회 예절에 항상 참례하지 못했기 때문입니다. 그러나 자신 있게 말할 수 있는 점이 있다면 그것은 그가 그의 친구들 사이에서 항상 찬란하게 빛나는, 뚜렷한 존재였다는 사실입니다.

그는 1852년 6월 21일, 청소년들의 주보 성인인 성알로이시오 축일에 우리 학급에 전학해 왔습니다. 그리 마른 체격은 아니었지만 갸냘퍼 보였습니다. 또 귀염과 순진함이 넘쳐 흘렀고 항상 공손하고 겸손했습니다. 그래서 그는 수업 시간이나 밖에서 뛰어놀 때, 한번도 화를 내지 않았으며 내가 도미니코와 함께 무엇을 할 때마다, 나는 그에게서 아주 좋은 인상을 받았고 매력을 느꼈습니다.

그는 글자 그대로 '사비오'(슬기로운 사람)이었습니다. 특히 공부와 학교에서의 생활, 기도와 친구를 사귀는 데 있어서도 마찬가지였습니다. 그가 나의 교실에 들어오던 날부터 나가는 날까지 약 1년 4개월 동안, 그는 학업에 있어서 놀랄 만한 발전을 보였습니다. 그는 모든 과목에 있어 항상 일등의 영광을 차지했습니다. 그러한 좋은 성적은 그의 머리가 뛰어나서가 아니라, 학업과 덕행에 있어 열심하고 꾸준한 노력과 근면의 결과라고 하겠습니다.

특히 내가 감탄하지 않을 수 없었던 사실은, 그는 학교에서의 일이라면 아주 작은 것이라도 충실히 끝을 맺어 놓는다는 것이었습니다. 특히 그렇게 먼 거리에서 통학하면서도 꾸준히 다녔습니다. 몸이 허약한 편이었는데도 십 리나 되는 길을 항상 걸어다녔으며, 그것도 매일 네 번씩 왕복해야만 했습니다. 정말 놀랄 만했습니다. 조용한 마음과 명랑한 얼굴로 눈보라가 치는 한겨울의, 그 춥고 바람이 몹시 부는 날에도, 비가 억수같이 퍼붓는 날에도 여전히 학교에 나왔습니다. 이러한 근면함이 참으로 큰 삶을 살게 하였을 것입니다.

 1852년부터 1853년까지 그는 몸이 좀 아팠기 때문에 그의 부모님은 이사를 하게 되었고, 결국 나는 이 사랑하는 어린이와 헤어지게 되어서 섭섭함을 금할 수가 없었습니다. 가정 사정으로 해서 그의 부모도 어쩔 수 없이 이사를 하게 되었던 것입니다. 참으로 그는 나의 희망이었고 장래가 크게 기대되는 어린이였습니다. 나는 그가 혹시 병이나 가정의 가난 때문에 공부를 계속하지 못할까 걱정하였습니다. 그런데 그가 성프란치스코 살레시오 학원에 들어가게 되었다는 소식을 듣고 너무나 기뻤습니다. 이와 같이 함으로써 그 뛰어난 재주와 불타는 열심한 믿음을 키울 수 있으리라고 믿었기 때문이었습니다."

 이상은 그가 다니던 학교의 담임 선생님의 말씀입니다.

6

몬도니오의 학교에서 – 커다란 누명을 참아 받으면서

나는 하느님의 섭리가 도미니코를 한 곳에만 머물게 하지 않고, 여러 곳에 옮김으로써 그 뛰어난 모범적 덕행을 많은 사람들이 보고 본받도록 하셨던 것으로 생각합니다.

1852년이 지날 무렵, 도미니코의 부모는 모리알도 마을에서 몬도니오 마을로 이사를 했습니다. 몬도니오는 카스텔노바와 접해 있는 아주 조그마한 마을이었습니다. 도미니코는 카스텔노바에서나 모리알도에서와 다름없이 그곳에서도 열심한 믿음 생활을 계속했습니다. 그래서 나는 여기에서도 그를 가르치던 선생님들의 말을 빌려 이야기하고자 합니다. 먼저 돈 쿨리오의 말을 몇 마디만 들어 보겠습니다. 그리고 지금까지 말했던 것과 반복되지 않도록 하겠습니다.

"나는 20세 때부터 아이들 가르치는 일을 해 왔지만 도미니코 사비오처럼 믿음이 깊은 아이는 처음 보았습니다. 그는 어린 편이었으나, 믿음에 있어서는 마치 완덕에 오른 어른과도 같았습니다. 공부에 대한 그의 성실하고 꾸준한 태도와 상냥함은 선생인 나의 마음과 친구들의 마음을 끌었고 또 우리의 기쁨이 되었습니다. 그가 성당에 있는 것을 볼 때에는 이렇게 작은 꼬마가 어쩌면 저렇게 정신을 몰두할 수가 있을까 하고 경탄해 마지 않았습니다. 나는 여러 번 마음 속으로 이렇게 외친 적이 있습니다. '아, 참으로 순결 무구하고 천진

한 영혼이기 때문에 이미 천상의 기쁨을 맛보는 모양이며 천사들과 함께 지내나 보다.'라고.

여러 가지 사실 중에 그 선생님이 알고 있는 것에는 다음과 같은 것이 있습니다.

"어떤 날 내가 잠시 자리에 없었는데, 이 틈에 아이들은 짓궂은 장난을 하였습니다. 장난꾸러기 아이들은 자기들이 못된 장난을 해놓고는 혼이 날까봐 모두 내게 와서 도미니코가 이 못된 장난을 했다고 거짓으로 일러바쳤습니다. 그때 나는 정말 믿을 수가 없었습니다. 도미니코는 그렇게 못된 장난을 할 아이가 아니었습니다. 어쨌든 나는 교실에 들어가 보았습니다. 교실은 아주 엉망진창이었습니다. 물론 나는 그러한 짓을 도미니코가 하리라고 도무지 믿을 수 없었지만, 다른 아이늘의 말이 너무도 그럴 듯했으므로 나는 감쪽같이 속고 말았습니다. 우선 나는 반 아이들을 모두 꾸짖고 나서, 도미

33

니코를 꾸짖기 시작했습니다.

"아니, 난 네가 그런 아이인 줄 몰랐는데, 도대체 이것이 무슨 꼴이냐? 처음이니까 이번은 용서해준다. 당장에 내쫓을 일이지만……. 다시는 그러면 안 돼!"

도미니코는 변명을 해서 충분히 그 누명을 벗을 수가 있었는데도 그저 고개를 푹 숙이고 정말 자신이 그 짓을 저지르기나 한 듯이 묵묵히 서 있었습니다. 그러나 하느님께서는 죄가 없는 자를 보호하시고 감싸 주십니다. 이튿날 그 모든 사실들이 밝혀졌던 것입니다. 나는 미안하여 그를 부른 후에 물어 보았습니다.

"왜 네가 하지 않았다고 말하지 않았니?"

"그것은, 그 아이가 전에도 여러 번이나 잘못한 적이 있었고 이번 일이 또 선생님께 알려지면 쫓겨나게 될 것 같아서였습니다. 만일 제가 한 것으로 되면 저는 처음이니까 용서받을 수 있을 것 같았습니다. 그리고 무엇보다도 거짓으로 누명을 쓰시고 고생하시다 십자가에 못박히신 예수님을 기억하였기 때문이예요."

도미니코는 더 이상 아무 말이 없었지만, 모두들 도미니코를 칭찬하고 그의 행동에 감탄하였습니다. 즉 그는 악을 선으로 바꿔 놓았으며, 거짓말로 도미니코에게 누명을 씌웠던 아이들에게 그 벌을 모면하도록 하였던 것입니다.

이상은 쿨리에로 신부님이 한 말씀입니다.

7

도미니코 사비오와의 첫 만남

그러면 이제부터 나는 도미니코의 생활에 대해서 좀더 자세히 이야기할 수 있으리라고 생각합니다. 왜냐하면 대부분의 일들이 나의 눈앞에서 일어났던 일들이며, 또 여러분 중에 많은 이가 증인으로서 떳떳이 말할 수 있는 것들이기 때문입니다.

1854년의 일이었습니다. 한 번은 쿨리에로 신부님이 나한테 와서 자기의 학생들 중에 참으로 주목할 만하고 아주 훌륭하며 순결한 아이가 있다면서 내게 이렇게 말했습니다.

"물론 여기 당신의 집안에도 착한 소년들이 많이 있다고 생각합니다마는 그 아이처럼 덕행과 재능이 뛰어난 아이는 없으리라 믿습니다. 어쨌든 한번 만나서 이야기해 보시면 그 아이가 제2의 성알로이시오임을 느끼게 되실 것입니다."

우리는 모리알도에서 도미니코를 만나려고 서로 약속을 했습니다. 그것은 내가 매년 우리 어린이들을 매괴의 성모축일 9일기도를 시키기 위해 그곳에 갔었기 때문입니다. 그해 10월 첫 일요일의 이른 아침이었습니다. 나는 이 어린 도미니코 사비오가 그의 아버지와 함께 나에게로 오는 것을 보았습니다. 그의 맑고 귀여운 미소와 명랑하면서도 아주 공손한 목소리는 즉시 내 마음을 끌었습니다. 나는 그에게 말을 걸었습니다.

"넌 누구지? 어디서 왔지?"

"도미니코 사비오예요. 몬도니오에서 왔어요. 저의 돈 쿨리에로 선생님께서 신부님의 말씀을 해주셨어요."

나는 그를 옆으로 데리고 와서 그의 학교 공부와 집안 형편에 대하여 몇 마디 물어 보았습니다. 우리는 곧 완전히 친해질 수가 있었습니다. 나는 이 꼬마의 영혼 안에 하느님의 성신이 활동하고 계심을 바로 알게 되었으며, 하느님의 은총이 이 어린 영혼 안에서 일하시는 것을 볼 때 적잖이 놀랄 수밖에 없었습니다.

한참 동안을 이야기한 후, 나는 이 소년의 아버지를 부르려 했습니다. 그때 도미니코 사비오는 또박또박한 목소리로 이렇게 말하는 것이었습니다.

"저 신부님, 어떻게 하시겠어요? 저를 토리노로 데리고 가셔서 공부시켜 주시겠어요?"

"글쎄, 너는 아주 훌륭한 옷감인 것 같다."

"훌륭한 옷감이라니요? 무엇을 위해서요?"
"우리 주님을 위해서 아름다운 옷을 만들어 드리려는 좋은 옷감 말이지!"
"아! 신부님, 그러니까 저는 옷감이고 신부님은 재봉사시란 말씀이지요? 그럼 꼭 저를 데려가 주세요! 그리고 예수님을 위해서 아주 아름다운 옷으로 만들어 주세요."
"그런데 네 몸이 좀 약해서 공부를 해낼는지 좀 걱정이 되는구나!"
"신부님, 그것은 걱정하시지 마세요. 주님께서 지금까지 저에게 건강과 은총을 주셨듯이 앞으로도 꼭 주실 거예요."
"그런데 라틴어 공부를 다 끝마친 뒤에는 무엇이 되고 싶지?"
"만일 하느님께서 저에게 큰 은총을 주신다면, 저는 신부님이 되기를 열렬히 바라고 있어요."
"좋아, 그럼 네가 그런 공부를 하기 위해서 충분한 능력이 있는지 어디 한번 시험해 보자. 이 작은 책을 가지고 가서 이곳까지만 공부해 오너라. 그리고 내일 아침에 와서 내가 묻는 것에 대답해 봐라."
그것은 작은 교회 간행물이었습니다.
이렇게 말한 후에 나는 도미니코에게 밖에 나가서 다른 아이들과 함께 뛰어놀라고 했습니다. 그의 아버지와 이야기할 것이 있었기 때문이었습니다. 그런데 한 7, 8분쯤 지난 후에 도미니코는 다시 나를 찾아왔습니다.
"아까 주신 공부를 다 했는데 신부님이 원하시면 여기서 한 번 외워 볼까요?"
놀랍게도 그는 그 글을 전부 외웠을 뿐 아니라, 그 뜻까지 다 알고 있었습니다.

"자, 네가 약속보다 빨리 외워서 왔으니 나도 약속보다 빨리 대답해 주겠다. 너의 소원대로 토리노로 너를 데리고 가서 공부시켜 주마. 그곳에 가면 벌써 공부하고 있는 너의 친구들이 많이 있다. 어쨌든 하느님께 열심히 기도해라. 나와 그리고 우리 모두가 하느님의 거룩한 뜻을 충실히 옮길 수 있도록 말이다."

그는 좋아서 어쩔 줄을 몰라했으며 그 기쁨과 감사를 표현할 길이 없는 듯하였습니다. 그는 나의 팔을 잡고 감격하여 말했습니다.

"신부님의 기대에 어긋나지 않도록 최선을 다하겠어요. 정말 감사합니다. 신부님. 정말……."

8

성프란치스코 살레시오의 학원에서

어린이란 본래 기분이 잘 변하는 법입니다. 오늘 몹시 골몰하고 바랐던 것도, 내일이 되면 흥미를 잃게 되기 쉽습니다. 덕행 면에 있어서도, 오늘은 이 덕행을 아주 잘 실천하다가도 내일은 이와 정반대가 되기도 합니다. 그래서 조심하지 않으면 기껏 잘 해오던 공부도 좋지 않은 끝맺음이 되는 수가 많습니다. 그러나 우리 도미니코 사비오에 있어서는 그렇지 않았습니다. 우리가 지금까지 그에게서 보아온 여러 덕행은 나이와 함께 더욱더 자랐으며 결코 한 가지 덕이 다른 덕을 방해하여 막는 일이 없었습니다. 그가 우리 학원에 온 후부터 자주 내 방에 찾아 왔는데 이것은 그 자신이 말했듯이, 자기의 영혼에 관한 문제를 온전히 웃어른의 손에 맡기려고 한 것이었습니다. 내 방에 들어온 그는 고개를 숙이고 즉시 책상 위에 좀 굵은 글씨로 써놓았던 다음과 같은 말을 되풀이해 읽었습니다. 이 말은 성프란치스코 살레시오가 늘 즐겨하시던 말씀이었습니다.

"DA MIHI ANIMAS! CAETERA TOLLE!"
(내게 영혼을 다오! 이 외엔 다 가져가라!)

그는 아주 주의 깊게 이 말을 거듭 읽었습니다. 나는 그가 그 말의 의미를 깨달았으면 하고 마음속으로 생각했습니다. 그래서 나는 그 말의 뜻을 번역해서 설명해 주었습니다. 그는 묵묵히 무엇인가 생각하고 있다가 이렇게 말했습니다.
"아! 이제 알았어요. 신부님! 알고 보니 여기는 돈을 버는 데가 아니고 영혼을 벌어 들이려고, 영혼 장사를 하는 데로군요. 저도 이 장사에 한몫 끼었으면 좋겠어요."
보통 때의 그의 생활 태도는 지극히 평범하였습니다. 학원 내에서 모든 규칙을 엄밀히, 아주 충실히 지킨다는 것 외에는 달리 특별한 것이 없었습니다. 그리고 학업에 온 힘을 기울일 뿐이었습니다. 다시 말해서 자기의 해야 할 본분에 대해서 열심히 최선을 다했습니다.
하느님의 말씀만이 사람에게 있어서 천당길의 안내자라는 진리가 그의 마음속에 깊이 뿌리박고 있었습니다. 그래서 그는 모든 강론을 잊어버리지 않고 전부 기억하고 있었습니다.
모든 품행에 관한 훈시, 교리 설명, 강론 같은 것 모두가 길면 길수록 그에게는 좋기만 했습니다. 처음 듣기 때문에 잘 이해가 안 가는 것이 있으면 설명을 해달라고 부탁해서 이해하려고 노력했습니다. 실천에 옮기기 어려운 자기 본분을 완수하는 것, 이 의무를 다함에 있어서 그의 세밀하고 정확함은 바로 그의 생활 태도의 출발점이었습니다.
그는 학원 내에서의 모든 규칙과 규율을 철저히 지키기 위하여 자기의 웃어른이나 선배들에게 물어 보았고 항상 규칙을 잘 지키도록 도와 달라고 했으며, 특히 규칙을 지키지 못하거나 본분을 다하지 못할 때에는 타일러 주고 가르쳐 달라고 부탁하기도 했습니다.
또 그가 그의 친구들에게 한 것을 보면 칭찬하지 않을 수가 없습니다. 만일 어느 아이가 제 본분을 다하지 않고 기도에 조심이 없는 태도를 보이게 될 때면, 사비오는 그런 아이와 자주 만나지 않고 항상 멀리했습니다. 반대로 학업에 열심하고 믿음이 깊으며 자기의 일은 자신이 그 책임을 다하여 선생님들이 칭찬하는 그런 아이가 있다면, 그는 즉시 친구로 사귀려고 힘썼습니다.

성모무염시태 축일이 가까워 오자, 나는 매일 저녁 아이들에게 간단한 훈시를 주어 하느님의 모친이신 성모의 축일을 성실히 준비하도록 노력하고 있었습니다. 그래서 나는 될 수 있는 한 열심히 기도하되, 특히 각자가 가장 필요한 은혜를 청하라고 어린이들에게 힘주어 말했습니다.

1854년은 모든 그리스도인들과 온 세상이 로마에서의 성모무염시태 교리 선포 때문에 모두 좀 어수선해져 있던 해입니다. 그러나 우리 신자들은 모두 그 교리의 선포를 기다리고 있었으므로 우리 학원에서도 온갖 장식을 다하고, 우리 소년들의 기도와 정성을 한 데 묶어 바치면서 이 축일을 성대히 지내려고 힘쓰고 있었습니다.

사비오 역시 그 축일을 거룩히 지내려고 열심히 힘쓰며 기도하는 사람 중의 하나였습니다. 그는 아홉 가지 꽃다발을 준비했는데 매일 한 가지씩 바치기로 한 것입니다. 그리고 나서 총고해를 하고 정신 수련을 잘 한 다음에 성체를 받아 모셨습니다.

그날은 12월 8일 저녁이었습니다. 그는 고해 신부님의 의견에 따라 교회 예절이 다 끝난 후, 제대 옆으로 다가가서 그가 첫영성체 때에 했던 약속을 새롭게 하였습니다. 그리고는 뜨거운 기도를 수없이 바쳤습니다.

"마리아여, 저를 드립니다. 저를 항상 마리아의 것이 되게 해주소서. 예수, 마리아여, 언제나 나의 벗이 되어 주소서. 그러나 무엇보다도 어떤 죄에라도 떨어지게 될 양이면 차라리 무요과 함께 미리 죽게 하여 주소서"

성모께 대한 이런 정성과 그 훌륭한 품행으로써 그는 성모님을 항상 마음속에 모시고 다녔으며 이렇게 해서 훌륭한 덕행을 쌓을 수가 있었고, 오늘날 우리는 그의 품행과 열심으로 인하여 그를 잊을 수 없게 된 것입니다.

그의 모든 덕스러운 행동은 각자의 말에 따라 여러 가지로 볼 수 있겠습니다. 그러나 지금 내가 기억하는 것은 그 품행과 행적의 순서에 따라서가 아니고, 사건의 유사성에 따른 것임을 밝혀 두고자 합니다. 그래서 나는 이 책에 비슷한 사건들을 하나로 엮어 쓰게 되어 여러 장으로 나누었습니다. 그리고 이것은 도미니코 사비오의 라틴어 공부에서부터 시작하게 되는데 그 이유는 그가 토리노에 오게 된 것이 바로 이 공부를 하기 위해서였기 때문입니다.

9

라틴어 공부와 재미있는 사건들

도미니코는 몬도니오에서 이미 라틴어 기초편을 다 배우고 왔었습니다. 특히 그 기초편을 아주 잘 배웠기 때문에 우리들이 말하는 고등학교 2학년에 진급할 수가 있었습니다. 그때는 지금처럼 우리에게 체계적인 학교가 없었기 때문에 요셉 본자니노 교수가 가르치고 있는 학교에 다니게 되었습니다. 본자니노 교수는 매우 믿음이 깊고 또한, 친절한 분이었습니다. 이제 그 소년의 실로 모범적인 품행과 학업 성적에 대해서 내가 말한다는 것은 다만 앞서 말했듯이 교수의 진술을 그대로 되풀이하는 것에 불과한 것입니다. 그래서 여기서는 3년간 그를 알고 지냈던 이들에게 주목을 끌었던 몇 가지 일에 대해서만 이야기하려 합니다.

여러 번 말하였지만, 본자니노 교수는 늘 같은 이야기를 했습니다. 즉 도미니코 사비오처럼 학업 시간에 조심과 주의를 기울이고 순순히 말을 잘 듣고 항상 공손한 그런 아이를 본 적이 없다고 말입니다. 그의 말에 의하면, 사비오는 모든 일에 있어서 본보기였다고 합니다.

옷차림에 있어서나 용모에 있어서나, 그는 언제나 검소하고 단순하였으며 아주 단정했습니다.

그는 의복이나 말하는 것, 행동 하나에 있어서도 교양이 있고 예의가 바른 어른 같았으며, 외모도 언제나 아주 정결하였습니다.

 그래서 함께 지내는 다른 친구들을 비단 공부로써 뿐만이 아니라 착함과 그의 예의 있는 태도로도 매우 기쁘게 해주고 그들의 이목을 끌게 했습니다. 교실에서는 그가 얼마나 정신을 집중하여 선생님의 말씀을 듣는지 몰랐습니다. 그래서 선생님은 항상 옆자리 아이와 소근거리기를 좋아하고 게으른 소년들을 도미니코 사비오의 곁에 앉히기도 했습니다. 그러면 도미니코는 그들을 조용히 있도록 하여 공부에 열중하게 만들기도 하였습니다.
 그해, 도미니코의 생활에는 하나의 사건이 일어났습니다. 이 사건은 너무도 영웅적인 일이었기 때문에 그렇게 작은 꼬마가 정말 하였으리라고 믿기 어려울 정도였습니다.
 그 사건은 같은 반의 친구가 서로 자기 가족의 족보 자랑을 하다가 시비가 벌어져 마침내 아주 미련한 결과를 맺게 된 것이었습니다. 그들은 마침내 돌팔매질로 결판을 내기로 하였습니다. 이것을 알게 된 도미니코가 어떻게 해서든지 이 싸움을 말리려고 해보았으나 소용이 없었습니다. 또 도미니코가 여러 번 설득해 보았으나 역시 헛수고였습니다. 복수한다는 것은 상식적으로 보아도 미련한 짓이요, 하느님의 계명을 어기는 일이라는 사실도 이야기하였으나 모두 헛수고였습니다. 그리하여 도미니코는 두 아이에게 간단한 편지를 썼습니다.

선생님이나 부모님에게 일러 바치겠다는 위협적인 편지였지만 그것도 역시 헛수고였습니다. 그들의 분노를 도저히 막을 길이 없었습니다.

그들의 몸을 생각할 때에도 지극히 위험하고 해롭지만, 그보다도 영혼에 있어서 매우 해롭고 위험한 일이었습니다.

도미니코는 한 가지 꾀를 생각해 냈습니다. 하느님께서는 그에게 아주 좋은 생각을 하게 해주신 것입니다.

학교가 파한 후에 도미니코는 그들에게 다가가 말을 걸었습니다.

"너희들 그래, 지금도 정 그렇게 서로 싸워볼 생각이라면 꼭 한 가지 부탁만 들어 줄래?"

"암, 물론 들어 주지. 그러나 싸움을 말리지 않겠다는 약속을 해야 해."

"저애가 부탁하는 말이란 보나마나 싸우지 말라는 성인 같은 말이지, 뭐 별 것인 줄 알아?"

"아냐, 내가 말하는 것은 너희들이 싸움을 못하게 하려는 것이 아냐."

"그럼, 그것은 무슨 조건이지?"

"다만 너희들이 싸우러 가는 곳에 나도 같이 가게 해달라는 것뿐이야!"

"뭐, 우리를 놀리는 거냐? 슬슬 따라와서는 꾀를 내어 못 싸우게 하려는 것이 아냐?"

"그런 걱정은 안해도 돼."

"그러면 우리가 싸울 때에 다른 사람을 부르려고 하는 거지?"

"아냐, 아무도 안 불러. 마음으로는 꼭 부르고 싶고 또 불러야겠지만 난 부르지 않겠어. 너희들하고 같이만 가게 해줘. 약속은 꼭 지키겠어."

이렇게 서로 말하고 나서 그들은 수도원 문 밖에 있는, 치타텔리라고 불리는 목장에까지 왔습니다. 그들의 분노와 서로간의 미움이 끝까지 다다라 있었기 때문에, 사비오는 도중에 그 싸움을 어떻게 말려야 할까 신중히 생각하였습니다.

두 아이가 그들이 정한 장소에서 일정한 거리를 두고 서서 돌팔매질로 싸우려 할 때까지 기다렸습니다.

이때 도미니코 사비오는 아무도 상상하지 못할 방법을 생각해 내었던 것입니다. 두 아이는 각각 다섯 개씩의 돌을 손에 들었습니다. 그때 도미니코 사비오는 입을 열었습니다.

"잠깐만! 돌을 던지기 전에 먼저 한 가지 해야 할 것이 있어."

그는 미리 준비해 두었던 조그마한 십자가를 가슴에서 꺼내어 높이 들어 보이면서 계속해서 말을 하였습니다.

"자! 돌을 던지기 전에 이 십자가를 먼저 쳐다 봐! 그리고 돌을 던지는데 다음과 같은 말을 똑똑히 하면서 던져라. '죄없으신 예수께서는 십자가에 못박히시면서도 그 악당들을 용서하셨지만 나는 죄인으로서 장엄하게 여기서 피의 복수를 하겠다.'고 말이다."

이렇게 말한 도미니코 사비오는 앞으로 바싹 다가가서 두 아이의 한중간에 섰습니다. 그리고 십자가를 들고는 다시 외쳤습니다.

"자, 돌을 나에게 먼저 던져라. 내 머리에 던지고 나서 너희끼리 서로 던져라!"

그러자 이것을 바라보고 있던 한 아이가 당황해 하며 말했습니다.

"아냐 아냐, 왜 너한테 돌을 던지니. 넌 아무 잘못도 없어. 너한테는 절대로 던지지 못해. 오히려 누가 만일 너를 때리거나 하면 내가 말려 줄게."

이 말을 들은 도미니코 사비오는 다른 쪽에 서 있는 아이에게로 뛰어갔습니다. 그러자 그 아이도 역시 너무나 감격하여 눈물을 흘리며 먼저 말한 아이와 똑같은 말을 하였습니다. 그리고 앞으로는 도미니코의 친구가 될 것과 다시는 이런 나쁘고 악한 행동을 하지 않겠다고 말하는 것이었습니다.

이때 도미니코는 다시 가운데에 똑바로 서서 감동된 어조로 양쪽을 보면서 말하였습니다.

"자, 너희들은 지금 나를 때리지도 않고 위험을 무릅쓰고 나를 구해주고 편들어 주겠다고 했지만, 나는 너희들의 영혼을 구하는 데 도움이 되었으면 하고 바랄 뿐이지, 그 외에는 아무것도 필요없어! 우리의 영혼을 위해서 예수께서는 피를 흘리시고 돌아가셨어. 그러니 학교에서 했던 그런 바보 같은 생각과 잘못된 말을 모두 취소하고 서로 용서해주어! 그렇지 않으면 이런 죄 때문에 영혼을 잃어 버리게 될지도 몰라."

그는 묵묵히 십자가를 들고 서 있었습니다. 두 아이 모두 풀이 죽어서 멍하니 서 있다가 그 순간, 한 아이가 먼저 입을 열었습니다.

"정말 부끄럽구나. 사비오와 같은 착한 친구는 우리가 죄를 범하지 않도록 하기 위해서 이렇게 멀리까지 따라다니는데 말야. 난 정말 뉘우치고 있어. 내가 잘못했어. 내가 잘못했으니 용서해다오, 사비오야! 그리고 사랑이 많고 인내심이 많으신 고해 신부님을 알거든 내게 얘기해줘. 고해성사를 보고 싶어. 그렇게 하면 나도 착한 사람이 될 수 있겠지? 우선 예수님과 화해해야지! 난 너무 내 생각대로 고집을 부리고 친구를 미워하고 있었어. 정말 내가 잘못했어!"

이것은 정말 모든 신자 소년들에게 모범이 되는 행동이 아닐 수가 없었습니다. 그후 그들은 이와 비슷한 일을 당하거나 보게 되면 미움, 복수심 그밖의 어떤 감정이 일든지 하느님의 마음을 상하게 하는 일을 피하고, 남에게서 받게 되는 모욕이라도 즐겨 참게 되었습니다. 그후에 도미니코는 이 사실을 아무에게도 말하지 않고 신용을 지켰던 것입니다. 그래서 이 사건은 전혀 모르던 사실이었는데, 바로 그 소년들이 스스로 이야기했기 때문에 알려지게 된 것입니다.

학교에 오고가는 길에는 흥미를 끄는 놀이나 몸과 영혼에 위험이 되는, 유혹을 당하기 쉬운 일들이 정말 많았습니다. 특히 도미니코와 같은 소년에게는, 그런 것들이 더욱 많이 있었지만 오히려 도미니코에게 덕을 닦을 수 있는 좋은 기회이기도 했습니다.

그는 웃어른들의 말씀 대로, 매일 꾸준히 학교에 다니며 한눈을 팔거나 비신자들의 지껄이는 소리에 귀를 기울이는 적이 없었습니다. 만일 누군가가 아무 데나 가서 제멋대로 구경을 한다거나 위험하게 돌을 던지고 또, 허락되지 않은 장소에도 막 쏘다니는 것을 보면 도미니코는 이런 아이들과 멀리 하였습니다.

그런데 하루는 허락도 받지 않고 야외로 놀러 가자고 하는 말을 들은 적이 있었습니다. 그리고 또 한 번은 멀리 떨어진 광장에 가서 놀자고 친구들이 말했습니다. 그러나 도미니코의 대답은 항상 같았습니다.

"애들아, 내가 좋아하고 또 나에게 재미있는 일이란 내가 해야 할 본분을 잘 하는 것뿐이야. 그러니까 만일 네가 나의 진정한 친구라면, 내 본분을 잘 지키고 책임을 다할 수 있도록 도와줘."

그런데 도미니코에게 와서 항상 치근덕거리고 같이 놀기를 좋아하는 어떤 아이가 하루는 달리기를 하자고 했습니다. 도미니코도 같이 달렸습니다. 그런데 그 아이는 학교 울타리를 벗어나서 계속 달리는 것이었습니다. 도미니코는 달리는 것을 즉시 그만두고 이렇게 말했습니다.

"난 그만둘테야. 괜히 같이 한다고 했구나. 그런 줄 알았더라면 처음부터 하지 않았을 것을······. 다음부터 또 이렇게 하면 같이 놀지 않을거야. 이런 짓은 하느님께서 싫어하시고, 선생님이나 부모님 모두 좋아하시지 않아."

그와 함께 뛰어놀던 아이와 다른 아이들은 그의 충고 대로 놀이를 중단하고 다시 학교로 돌아왔고 다시는 도미니코를 성가시게 하거나, 본분을 벗어나 노는 데에 시간을 빼앗기게 끌고 다니지 않았습니다.

그해 연말에 도미니코는 열심히 배우고 노력한 보람으로 상급반에서도 가장 공부 잘하는 아이들이 있는 반으로 가게 되었습니다. 그러나 3학년 초기에 들어서면서부터 도미니코 사비오의 건강이 더욱 악화되어 가는 것만 같았습니다. 그래서 학원 안에서 공부하는 것이나, 잠자는 것이나, 휴식하는 것을 그에게 어느 정도 예외를 허락하여 그가 원하는 대로 할 수 있도록 해주었습니다. 이렇게 하여 학원에서 자고 쉬고 하며, 혼자 공부할 수 있게 되었습니다.

그해에 다시 그의 건강이 좋아졌기 때문에 그는 다시 마태오 피코 신부가 가르치는 학교에 다니게 되었습니다. 마태오 피코 신부는 이미 도미니코의 덕행을 많이 들어서 잘 알고 있는 터였습니다. 그래서 그는 무료로 사비오를 자기 학교에 받아 주었습니다. 그 학교는 우리 읍내에서는 가장 수준이 높은 일류 학교였습니다.

그해 1년간의 도미니코의 생활에 대해서 나는 여러 가지 말할 것이 많이 있습니다. 이제 그 모든 사건들이 일어난 순서와 연관성을 따라 하나하나 이야기해 보려고 합니다.

10

성인이 되겠다는 그의 각오

지금까지는 라틴어 학습 과정에 있어서 그의 학업 태도를 살펴보아왔습니다. 이제부터는, 성인이 되겠다는 그의 결심과 태도를 살펴보기로 합시다.

도미니코가 우리 학원에 온지, 약 6개월 가량 된 어느 날, 그는 "성인이 되기란 그리 어려운 일이 아니다"라는 강연을 듣게 되었습니다. 강론자는 우리가 성인이 되는 것에 특별히 큰 도움이 되는 세 가지 방법을 강조하였는데, 이것이 도미니코 사비오의 마음과 영혼에 끼친 영향은 대단하였습니다. 강론자의 강의는 다음과 같은 내용이었습니다.

"하느님은 모든 사람이 다 성인이 되기를 원하십니다. 또한 성인이 되기란 그리 어려운 일이 아닙니다. 되고자 하는 생각과 어느 정도의 노력만 기울이면 누구나가 다 성인이 될 수가 있습니다. 성인이 되는 자에게는 크나큰 상급이 천국에 약속되어 있습니다."

이 강론은 도미니코의 마음속에 불씨를 던졌습니다. 이 강론으로 그의 마음속에는 하느님께 대한 사랑의 불이 일기 시작한 것입니다.

여느 때와는 달리 며칠 동안은 말도 하지 않고 멍청해 보이지도 않았습니다. 그의 친구들도 모두 이상히 여겼고 나 역시 그렇게 생각하지 않을 수 없었습니다.

　마침내 나는 그애가 또 몸이 아픈지 걱정이 되어서 그를 불러서 물어 보았습니다. 그러나 도미니코는 이렇게 대답했습니다.
　"아니예요, 신부님. 아무 데도 아프지 않아요. 오히려 일이 잘 되어가고 있는걸요"
　"잘 되어간다니 무엇이 잘 되어간단 말이냐? 그게 무슨 소리지?"
　"저는 지금까지 쉽게 성인이 될 수 없다고 생각해 왔어요. 그런데 이제 즐겁게 생활하면서도 성인이 될 수가 있다는 것을 알게 되었어요. 저는 꼭 성인이 되고 싶어요. 그리고 꼭 되겠어요. 그런데 저 신부님, 지금부터 저는 무엇을 어떻게 해야되는지 말씀해주세요."
　나는 우선 도미니코의 결심과 그 뜻을 칭찬해준 다음, 마음을 불안하게 갖지 말고 평화스럽게 가지도록 힘쓰라고 일러 주었습니다. 소란한 영혼 속에서는 하느님의 음성을 들을 수 없기 때문입니다. 그래서 우선 변함없이 꾸준하게, 절도 있고 명랑한 정신을 잃지 말고 보존하라고 말해 주었습니다. 그리고 그에게 믿음과 공부에 있어 자신이 해야 할 것을 절대로 소홀히 하지 말고 정성을 쏟을 것과, 휴식시간에는 친구들과 함께 어울려 즐겁게 뛰어놀도록 충고해 주었습니다.

언젠가 이렇게 물어 보았습니다.

"내가 너에게 선물을 하나 주고 싶은데 무엇을 원하느냐?"

"제가 신부님께 가장 바라고 원하는 것은 신부님께서 저를 성인이 되게 도와 주셨으면 하는 것뿐입니다."

도미니코는 아주 진지하게 말을 이었습니다.

"저는 꼭 성인이 되어야만 해요. 성인이 안 되면 아무것도 할 수가 없어요. 하느님께서도 제가 성인이 되기를 원하시므로 저는 꼭 성인이 되어야겠어요."

또 언젠가 한번은 내 본명축일에 모든 아이들에게 각자 원하는 것을 쪽지에 써서 나에게 주면, 할 수 있는 한 들어주겠다고 말한 적이 있습니다. 여러분은 이런 경우에 아이들이 어떤 것들을 나에게 청했으리라고 대강 짐작할 수 있을 것입니다. 그런데 도미니코는 종이 쪽지에 다음과 같이 썼습니다.

'제 영혼을 구하게 해주시고 저를 성인으로 만들어 주세요.'

어느 날 나는 각 세례명의 뜻에 대한 이야기를 하고 있었는데 도미니코가 물었습니다.

"신부님! '도미니코'란 무슨 뜻입니까?"

"'도미니코'라는 말의 뜻은 '주께 속한 자', 혹은 '주의 것'이란 뜻이다."

"신부님, 지금까지 사실 제가 한 생각이 맞군요. 저는 '주의 것' 이니까, 온전히 주의 것이 되려면 꼭 성인이 되어야겠어요. 그러니까 저는 성인이 되기 전에는 절대로 행복할 수가 없습니다."

성인이 되고자 하는 그의 이 열망과 열정이 그 당시의 그의 생활이 결코 거룩하지 않았다든가 성인답지 않았다는 뜻이 될 수는 없습니다. 그는 끊임없이 자신을 수양하고 오랫동안 기도하곤 했습니다. 그러나 이렇게 힘겨운 것들은 그의 건강에 몹시 해롭기 때문에 나는 그런 일을 하도록 내버려두거나 허락해주지 않았습니다.

11

영혼들을 구하려는 그의 열심

성인이 되겠다는 도미니코의 이 첫번째 각오와 결심은 그로 하여금 뭇 영혼들을 하느님께로 인도하게 하였습니다. 왜냐하면 이 세상에서 이보다 더 거룩한 일은 없기 때문입니다. 그리스도께서 피흘려 속량하신 자들의 영혼을 위해 노력하는 것은 실로 가장 거룩한 일입니다. 그는 이 사도직의 중요성을 이해하였고 때때로 이런 말을 하였습니다.

"아! 만일 우리 반 아이들을 전부 하느님께로 인도할 수가 있다면, 그럴 수만 있다면 얼마나 좋을까!"

그는 말과 행동에 있어서 하느님의 마음을 아프게 해드리는 이들을 보면, 항상 그들의 마음을 상하지 않게 간단한 충고나 경고 등을 해주었습니다. 그의 마음을 아프게 하고 심지어 그의 건강에까지 해를 끼친 것은 하느님께 대한 모욕과 하느님의 거룩한 이름을 제멋대로 부르는 것이었습니다.

그는 거리를 지나다가 하느님의 이름을 모독하는 사람이든가 마구 함부로 부르며 이야기하는 사람을 보게 되고 또 그런 소리를 들을 때엔 슬퍼서 고개를 숙이고 정성껏 기도했습니다.

"주 예수 그리스도는 찬미를 받으실지어다!"

하루는 그가 친구와 함께 읍내의 어느 길 모퉁이를 걷고 있었는데, 갑자기 그는 모자를 벗더니 숨을 죽여 작은 소리로 중얼중얼거

리는 것이었습니다. 그래서 같이 가던 아이가 이상해서 물어보았습니다.

"지금 무엇 하는거니? 응? 무엇 하는거야?"

"넌 지금 못들었니? 저 사람이 하느님의 이름을 함부로 부른 것을 말야. 가서 좀 말해주고 싶지만, 내가 가서 말한다면 더 심하게 할 것 같아서 다만 모자를 벗고 '예수께서는 찬미를 받으소서.' 하고 화살기도를 바친거야. 이렇게라도 해서 마음의 상처를 받으시는 예수님을 위해 조금이나마 위로해 드리고 싶어."

그 아이는 도미니코의 이 태도와 믿음에 크게 놀랐으며 자신과 친구들을 위해서 모범이 되도록 아직도 이 이야기를 하곤 합니다.

또 하루는 이런 일이 있었습니다. 학교에서 돌아오는 길에 도미니코는 점잖게 보이는 어떤 어른이 하느님의 이름을 모독하는 것을 듣게 되었습니다. 도미니코는 마음속으로 '하느님께서는 찬미를 받으소서.'라고 기도하면서 그 사람에게로 다가가 아주 공손하게 인사를 하고 입을 열었습니다.

"아저씨, 성프란치스코 살레시오 학원을 가려면 어디로 해서 가는지 좀 알려 주시겠어요?"

너무나 공손하고 예의있는 말에 그 사람은 마음이 누그러졌습니다.

"아, 글쎄 잘 모르겠는데……."

도미니코는 계속해서 이야기했습니다.

"그러면 저, 아저씨 꼭 한 가지 부탁이 있는데 들어 주시겠어요?"
"무슨 부탁인데?"
"뭐, 그리 어려운 것은 아닌데요. 다름 아니라 앞으로 만일 또 화가 나시더라도 하느님의 이름을 함부로 부르시지 말아주셨으면 좋겠어요."

"아! 그래, 네 말이 옳다. 그건 정말 내가 잘못했어. 이제부터는 그러지 않도록 약속하지."

그 어른은 매우 미안해 했습니다.

어느 날, 9세밖에 안 된 꼬마가 성당에서 다른 아이하고 다투다가 예수님의 이름을 부르면서 욕을 한 적이 있었습니다. 도미니코는 분노를 억제하면서 두 소년의 싸움을 말렸습니다.

"이리 와, 나하고 같이 저리 좀 갈래? 무서워 하지 않아도 돼."

도미니코의 너무나도 부드럽고 친절한 말투와 태도에 그 아이는 이끌려 따라갔습니다. 도미니코는 그의 손을 잡고 성당 안의 제대 앞까지 데리고 갔습니다.

"같이 무릎을 꿇자. 그리고 주의 거룩하신 이름을 욕되게 한 것을 용서해 달라고 하느님께 기도드리자."

그런데 그 아이는 통회가 무엇인지도 모르는 아이였습니다. 도미니코는 그 아이와 함께 기도했습니다.

"자, 나와 함께 외우자. 나 하는 대로 하렴. '하느님의 흠숭하올 이름은 찬미받으소서!'"

그는 일생을 구령 사업에 종사하신 성인들의 일대기를 골라서 많이 읽었습니다. 그리고 구령 사업에 종사하고 있는 먼 지방의 선교사들에 대해 자주 이야기하곤 했습니다. 그들에게 경제적인 도움을 주지는 못했지만, 그는 매일 그들을 위해 기도했으며 일주일에 한 번은 그들을 위하여 영성체를 했습니다.

그는 자주 이런 말을 했습니다.

"아! 영국에는 얼마나 많은 영혼들이 있는지 몰라! 내가 만일 몸이 건강하다면, 지금이라도 곧 영국에 건너가서 그들을 말과 모범으로써 하느님께 인도할텐데!"

그는 또 교리 책임을 맡은 교수들에 대해서도 좀 언짢은 점이 있는 듯이 불만족스럽게 이런 말을 했습니다.

"내가 신학교에 가서 대신학생이 되면 몬도니오에 있는 아이들을 전부 하느님께로 인도하여 모두 성인이 되도록 하겠어. 재미있는 놀이와 유익한 말로 그 아이들을 데리고 다니며 교리를 가르쳐 주면 좋을텐데. 지금 거기는 아이들을 가르쳐 주는 사람이 아무도 없기 때문에 많은 영혼이 큰 위험을 당하고 있는거야!"

이러한 도미니코의 말과 특출함은 그의 행동에 나타났으며 실천에 옮겨졌습니다.

그가 나이가 좀 많아지고 학교에서 학년이 올라감에 따라 학원에서 자기보다 어린학생들에게 교리를 가르쳤으며, 어느 날이든 어느 때이든 간에 항상 남에게 교리를 가르칠 준비가 되어 있었습니다.

그는 영혼을 깨끗이 보존함이 얼마나 중요한 것인지를 강조해서 이야기하고 또 영혼과 믿음에 대해 이야기하기를 몹시 좋아했습니다.

어느 날 그가 한참 이런 이야기를 하고 있을 때, 같은 반 학생 한 명이 와서 가로막으며 이렇게 말하는 것이었습니다.

"야! 너는 왜 늘 그런 얘기만 해서 다른 아이들까지 귀찮게 하니?"

그러자 도미니코는 차분하게 설명해주었습니다.

"왜 귀찮게 하느냐고? 예수께서는 우리 반과 다른 모든 학생을 위해서 죽으셨으니까 그렇지. 그리고 우리는 모두 다 한 형제이거든. 하느님께서는 우리가 서로 도와 주고 같이 협력해 나가기를 원하신단 말야. 내가 만일 남의 영혼을 구하게 된다면 내 영혼도 구하게 될 것이 아니냐?"

도미니코의 이러한 열심은 방학 동안에 집에 가 있으면서도 식을 줄을 몰랐습니다. 그는 방학을 맞아 집으로 가게 되면 먼저 학교에서 상으로 받은 상본 등을 잘 모았으며, 꼬마 소꿉 친구들에게 주겠다고 선생님들에게 더 부탁하곤 했습니다. 이렇게 해서 도미니코가 집에 가면 그보다 나이가 많거나 적거나 간에 동네 아이들이 모두 함께 어울려 도미니코를 둘러싸고 도미니코는 거기서 교리 문제를 내어서 올바른 대답을 하는 아이에게 상으로써 그 상본과 상패를 나누어 주곤 했습니다.

이러한 방법으로 그는 많은 아이들을 데리고 다니며 교리도 가르쳐주고 미사나 성체강복, 혹은 교회의 다른 예식에 참례시키기도 했습니다.

내가 알기에는 그가 어떤 꼬마들에게 어지간히 애를 먹은 적이 있는 것 같았습니다. 그는 한 꼬마에게 말했습니다.
"네가 만일 성호경을 제대로 할 줄 안다면, 내가 이 패를 주지! 그리고 신부님께 데리고 가서 좋은 책을 상으로 받도록 해줄게! 그 대신 성호경을 완전히 제대로 잘 해야 해. 알았지! 말소리하고 손짓하고 똑같이 말이야. 이마와 가슴과 왼쪽 어깨와 오른쪽 어깨에 ……, 하여간 제대로 해야 된다."
도미니코는 아주 열심히 가르쳐 주었습니다.
도미니코는 구속의 신비를 표시하는 성호경이 너무나 빨리, 아무렇게나 그어진다고 걱정했습니다. 그는 친구들 앞에서 그들이 본받을 만큼 똑똑하고 올바르게 성호를 그었습니다.
도미니코는 학교에서 정상적인 공부 외에 다른 두 아이를 맡아서 가르쳤는데, 그들에게 교리와 기도하는 법도 가르쳐 주었습니다. 그는 자주 그 두 아이들을 성당에 데리고 가서 성수를 찍어서 성호 긋는 법을 자세히 가르쳐 주었습니다. 휴식 시간의 대부분을 그는 자기에게 놀러 오는 아이들에게 여러 가지 이야기를 해주며 보냈습니다. 또한 방학 동안 집에서도 매일 성체조배를 했으며 혹시 성체조배하러 누구와 같이 가게 되면, 매우 기뻐하고 고마워했습니다.
어쨌든 우리가 도미니코에 대해서 진실되이 말할 수 있는 것은, 그가 영혼들의 구원을 위해서 착하고 유익한 말을 하거나, 혹은 좋은 일을 하는 데 있어서 기회를 놓치지 않았다는 사실입니다.

12

학우들과 같이 생활할 때의
태도와 몇 가지 일화

영혼들을 하느님께로 인도하려고 소명을 다하고자 하는 노력은 도미니코의 심중에서 조금도 식지 않았습니다. 쉬는 시간에도 그는 항상 마음을 다해 달리고 있는 사람이었으며, 어떤 말이나 행동을 할 때에도 늘 자신이나 남을 위해서 도움이 되는 것만을 했습니다.

그는 매우 예의가 바르기 때문에 결코 남이 말하는 것을 가로채어 중단시킨다든가 하는 일이 없었으며, 남의 이야기가 다 끝나야 비로소 학과 공부에 대한 것과 어떤 일화 같은 것을 이야기했습니다. 그리고 만일 대화가 비뚤어진 길로 가거나 언짢고 나쁜 데로 흘러가게 되면 농담이나 다른 이야기로써 화제를 바꿔 버리거나 아이들을 웃겨서 다른 이야기에 관심을 가지도록 하고, 항상 친구들의 마음을 상하게 하지 않고 오히려 유쾌하게 만들어 올바른 쪽으로 나아가도록 애를 썼습니다. 그렇듯이 항상 친구들 사이에서는 절대로 하느님을 슬프게 해드리는 일이 일어나지 않도록 최선을 다해서 예방하려고 힘썼습니다.

그는 명랑하고 쾌활하였기 때문에 신심에 그다지 맘이 없는 아이들도 그와 함께 놀기를 좋아했습니다. 함께 놀면서 때때로 그가 하게 되는 권고나 충고 같은 것을 그들은 잘 받아들였습니다.

하루는 그의 한 친구가 얼굴에 이상한 가면을 쓰고 흉측한 모습으로 다가와 도미니코에게 말했습니다.

"어때! 이마에 뿔이 두 개가 있고 코가 크고……, 하여간 어릿광대와 비슷하지?"

그때 옆에 있던 다른 친구가 맞장구를 쳤습니다.

"맞다. 어쩌면 그렇게 꼭 같니?"

그러나 도미니코는 다음과 같이 말했습니다.

"그것이 그렇게 좋으니? 너무도 흉측하고 싫어! 하느님께서 만들어주신 아름다운 용모를 더럽히지 않도록 하자."

어느 날이었습니다.

운동장에서 아이들이 놀면서 이야기하고 있는데 갑자기 어떤 아이가 수선을 떨면서 뛰어와 큰 소리로 막 지껄이는 바람에 아이들이 모두 그에게로 집중되어 그를 둘러쌌습니다. 그 아이는 한참 신이 나게 이것 저것을 이야기하다가, 말머리를 나쁜 데로 돌렸습니다. 그 아이는 아이들이 지금까지 거룩하다고 믿어오던 한 신부님의 우스운 이야기를 털어놓음으로써 아이들을 웃기려고 했습니다. 그리고 하느님을 욕되게 하는 이야기도 늘어 놓았습니다. 어떤 아이들은 그 이야기를 차마 들을 수가 없어서 슬그머니 물러나 다른 데로 갔습니다. 그러나 대부분의 아이들은 거기 그대로 서서 이야기를 흥미롭게 듣고 있었습니다. 그때 마침 도미니코가 지나가다가 그 아이가 하고 있는 말이 대략 무엇이라는 것을 눈치채고 다가가 외쳤습니다.

"애들아, 다들 저리 다른 데로 가자. 이애 말은 듣지 마. 우리에게 무척 해롭고 위험해!"

둘러 서 있던 아이들이 모두 흩어졌고 혼자 있게 되자, 신이 나서 떠들던 그 아이는 그냥 가버리더니 다시는 오지 않았습니다.

어느 날 몇몇 아이들이 수영하러 가기로 계획을 세웠습니다. 토리노 부근에는 물이 깊고 급한 여울이 있는데 잘못하면 물살에 휩쓸려 갈 수도 있는 위험한 곳이었습니다. 매년 많은 사람들이 물에 빠져 죽는 사고가 발생할 정도였습니다. 도미니코는 이 사실을 잘 알고 있었기 때문에 친구들에게 장난처럼, 혹은 진지하게 그들이 가지 않도록 하려고 애를 썼지만 헛수고였습니다. 그 아이들은 기어코 가기로 한 모양이었습니다.

"가면 안 돼. 내가라도 못 가게 할테야."

"아니, 도대체 왜 못 간다는 거야? 뭐가 잘못됐어?"

아이들은 못마땅한 듯 퉁명스럽게 대꾸했습니다.

"왜, 잘못한 게 아니니? 우선 어른들이 가지 말라고 하셨는데, 가니까 그렇지? 그리고 우리의 영혼에도 매우 위험하고 해로울 뿐 아니라, 또 물에 빠져 죽게 될지도 모르는 일인데 나쁘지 않단 말이야?"

"그까짓 것쯤 아무것도 아냐. 괜찮아!"
아이들은 투덜거렸습니다.
"그까짓 것쯤 아무것도 아니라고? 지금 이 정도의 더위를 참지 못해서 수영하러 간다고 하는데, 어른들 말을 듣지 않고 위험한 곳을 함부로 갔다가 지옥에 가면, 그 지옥불을 어떻게 참으려고 그러는거니?"
이 말이 나오자 마침내 아이들은 도미니코의 의견을 받아들였습니다.
아이들은 앞뜰에서 놀기로 했습니다. 그리고 도미니코와 같이 놀다가 저녁에 성당에 가서 성체강복에 참례했습니다.
그 당시 우리 학원에는 열심한 아이들이 모인 소년회가 하나 있었는데, 이 소년회의 목적은 학원 안에서 좋은 정신을 지키고 발전시켜 나가자는 것이었습니다. 도미니코도 그들 중에 모범적인 한 회원이었습니다. 도미니코는 먹을 것이 생기면, 그것을 먹지 않고 운동장에 가지고 갔습니다. 그리고 손을 높이 들고서 큰소리로 말하는 것이었습니다.
"야! 누구 이것 먹고 싶은 사람?"
그러면 아이들은 너나할 것 없이 서로 달라고 소리를 치며 달려들었습니다.
"나! 나!"
그때 도미니코는 이렇게 말하는 것이었습니다.
"달라는 사람이 너무 많으니 내가 물어보는 교리 문제를 맞추는 사람에게 주겠어!"
이와 같이 친구들하고 생활하면서 교리 공부를 자연스럽게 시켜 나갔습니다. 그는 항상 아이들 중에서 생활 태도가 나쁜 아이, 가장 말썽꾸러기에게 질문을 했으며 적당하다고 생각되는 답을 하면 그런 아이들에게 자기가 먹을 것을 나누어 주었습니다. 이런 방법으로 그는 아이들을 이끌었고, 자기가 하고 싶은 일을 했습니다.

또 다른 방법을 쓴 일도 있습니다.

그는 놀이를 할 때면 잘하는 아이나 못하는 아이를 가리지 않고 모두 함께 하려고 했습니다. 그는 어깨 위에다 막대기를 메고 다니며 아주 재미있는 놀이로 아이들을 즐겁게 해주며 함께 놀다가 갑자기 이렇게 물어보곤 했습니다.

"얘, 너 나하고 같이 이번 주 토요일에 고해성사를 보러 가지 않을래?"

그러면 아이들은 생각해 보지도 않고 가겠다고 쉽게 대답을 합니다. 놀이가 재미있고 또 더 놀고 싶은 마음이 간절할 뿐더러, 토요일이면 아직도 많이 남은 것처럼 생각이 되기 때문입니다. 그러면 도미니코는 그것을 절대로 잊어버리는 법이 없이 토요일이 되기 전에 몇 번 정도 기회를 보아서 다시 말해 줍니다. 토요일이 되면 고해할 어린이를 준비시킨 다음, 고해하도록 최선을 다해 도와줍니다. 그는 이런 경우, 언제나 고해를 할 아이보다 먼저 성당에 와 있다가 고해가 끝나면 함께 감사의 기도를 하고, 때로는 어떤 조그마한 선물까지도 주었습니다. 이러한 방법으로 종종 친구들도 도와 주었습니다.

아이들이 성당 안에서 강론을 듣다가 때때로 정신을 딴 데로 돌리는 일이 있어도, 도미니코의 충고는 잘 들었습니다. 그러나 도미니코가 생각한 대로 되지 않을 때도 없지 않았습니다 어떤 때는 약속한 아이가 나오지 않을 때도 있었습니다. 그 후에 그 아이를 만나면 도미니코는 화를 내지 않고 끝까지 고해를 볼 수 있도록 설득했습니다.
"얘, 너 지난 번에 거짓말했지? 성당에 온다고 하고서는 왜 안 나왔니?"
"아, 그땐 준비가 안 돼서 가지 못했어. 미안해."
"지금은 아마 더 준비가 안 됐을 걸. 너 지금 기분이 좋지 않은 것 같은데……, 빨리 가서 준비해 가지고 고해하면 마음이 가볍고 기쁘고 좋을 텐데, 왜 안하니?"
이렇게 해서 아이들은 고해하러 가게 되고, 갔다 온 후에는 도미니코에게 고마워했습니다.
"네 말이 옳았어. 고해하고 나니 정말 기분좋구나. 나도 이제 정기적으로 고해를 해야겠어!"
아이들이 함께 모인 곳은 언제나 좀 어수선하고, 공부도 잘 못하고 화도 잘 내서 아이들한테서 따돌림을 받는 아이들도 있습니다. 이런 아이는 친구가 별로 없고, 있다 해도 신통치 않기 때문에 진실로 어떤 친구의 위로와 용기가 필요합니다. 도미니코는 언제나 이런 아이들의 친구 노릇을 했습니다.
도미니코는 이런 아이들에게 좋은 말과 충고로써 도와주었으며, 그들이 기분이 크게 상하거나 화가 났을 때에도 도미니코의 사랑에 찬 말로써 착한 감정을 회복하게 되었습니다.
도미니코는 매우 친절하였기 때문에 특히 아픈 아이들에게는 간호사와도 같았습니다. 그들은 몹시 아프게 되면 도미니코를 찾았습니다.
이와 같이 도미니코는 친구들을 가까이 도와줌으로써 하느님 앞에 공로를 세워 나갔습니다.

13

그의 기도하는 정신과 성모님께 대한 신심

하느님께서 그에게 주신 특은 중에 하나는 기도하는 데 있어서 끓는 듯한 열심입니다. 그의 정신은 습관적으로 언제나 하느님과 함께하였으며 어떤 장소를 가든, 어떤 소란하고 복잡한 데를 지나가게 되든 쉽게 정신을 집중하여 생각을 하느님께로 향했습니다.

그가 기도하는 걸 보면, 정말 꼬마 천사가 내려와 무릎을 꿇고 기도한다고 생각될 만큼 태도와 용모가 거룩했습니다. 움직이지 않는 자세로 침착하고 엄숙하며 정성어린 태도였고, 무릎을 꿇고 여기저기 두리번거리는 일이 없었습니다. 눈은 언제나 앞으로 약간 아래 쪽을 향하고 약간 웃는 듯한 얼굴이었으며, 한마디로 제2의 성알로이시오라고 할 만했습니다. 정말 기도하는 태도를 그에게 본받으면 충분하다고 여길 만했습니다. 어느 어린이가 1854년에 학원 안에 있었던 성알로이시오회의 선도위원으로 선출되었습니다. 그렇게 된 이유는, 처음에 교회 예절에 참석한 이 어린이의 태도가 매우 경건하게 보였기 때문이었습니다. 그는 물론 도미니코 사비오였습니다.

휴식 시간에도 그는 무엇을 읽고 있거나, 아니면 성당으로 성체조배하러 가기가 일쑤였고, 또 때때로 다른 아이들도 데리고 가서 죽은 이들을 위하여 기도를 바치든가, 아니면 성모님께 대한 사랑을 표시하곤 했습니다.

도미니코의 위대한 신심은 성모님께 대한 것이었습니다.

그는 매일 성모님께 어떤 참는 덕행을 바쳤습니다. 그는 절대로 여자를 똑바로 쳐다본 적이 없었습니다. 학교에 갔다오는 도중에는 눈을 항상 조심하고 다스렸습니다. 때로는 길거리 같은 데서 아주 흥미있는 일이 벌어져 지나가는 사람들의 눈이 다 그곳으로 쏠리게 되는 경우에도 도미니코는 결코 그런 일에 눈길을 주지 않았습니다. 한 번은 어느 친구가 화를 내기까지 하면서 말한 적이 있습니다.

"야, 넌 도대체 그 눈을 어데다가 써먹을 작정이길래 볼 것도 안 보고 다니니?"

이때 도미니코의 대답은 실로 거룩하고도 통쾌한 것이었습니다.

"난 천당에 가서 성모님을 뵈올 때 이 눈을 써먹을 거다."

그는 무염시태의 성모님께 대해서 특별한 신심을 가지고 있었습니다. 성당에 들어가면 으례 성모상 앞에 무릎을 꿇고 온갖 불결함으로부터 자신의 마음이 물들지 않도록 해주십사고 기도드렸습니다. 그의 기도는 아마 이러했을 것입니다.

"어머니이시여, 나는 항상 당신의 아들로 있기가 소원입니다. 그러므로 순결을 거스르는 죄를 한 번이라도 범하게 되기보다는 차라리 먼저 죽게 해주십시오."

매주 금요일에는 몇몇 친구들을 데리고 성당에 가서 쉬는 시간에 성모통고 기도문을 함께 외우곤 했습니다. 그는 자기 친구들 중에 누가 성모님을 사랑하게 된 것을 알거나, 또는 사랑하게 한 후에는 아주 기뻐했습니다.

그 한 가지 예로 어느 토요일이었는데, 도미니코가 자기 친구를 찾아가서 함께 성무소일과의 저녁기도를 올리자고 제의했습니다. 그 아이가 손이 시리다는 핑계로 투덜거리자 도미니코는 그에게 자기가 끼고 있던 장갑을 벗어 주었습니다.

또 꽤 추운 날, 어떤 친구를 성당에 잠깐 데리고 가기 위해서 자기 옷을 빌려 주고 데리고 간 적도 있었습니다.

하느님의 모친이신 성모님께 대한 사랑은 성모성월이 되면 더욱더 그 빛을 발했습니다. 학교가 끝나면 도미니코는 매일 몇몇 아이들을 데리고 믿음 활동을 하였습니다. 그는 학급 친구들에게 자주 성모님에 대한 이야기를 해 주었습니다. 또 성모님을 공경하기 위하여 고해성사와 영성체를 하도록 아이들을 인도하였습니다. 그리고 항상 이런 훌륭한 일을 그는 솔선하여 자신이 먼저 실천했습니다.

어느 해에는 그가 자기 돈으로 공동 침실 안에 싱모상과 또 사리를 조그마하게 꾸미려고 하였는데, 적잖은 돈이 필요하게 되자, 그는 '주머니에 동전 한푼도 없는 내가 무엇을 하겠다고 이러지?' 하며 놀랐습니다.
 그러나 한가지 생각해낸 것이 있었습니다. 얼른 자기 자리에 뛰어 가서 언젠가 상으로 받았던 책을 친구들한테 가지고 가서 "애들아! 누구든지 이 책을 보고 싶으면 팔 테니 사가라." 하며 돈을 마련해 보려 하자, 다른 아이들도 이에 감동되어 책이나 어떤 팔 만한 물건 등을 갖다 모았습니다. 그래서 도미니코와 그의 친구들은 돈을 마련하기 위해서 작은 판매상을 차리게 되었습니다. 그들은 장식품도 좀 사고 해서 성모상의 안치대를 거의 다 꾸며가고 있었으나 성모축일 전날 밤까지는 다 완성할 수가 없었습니다.
 "나도 여기서 너희들이 빨리 꾸밀 수 있도록 밤새도록이라도 거들어 줄게!"
 이렇게 도미니코는 열성을 보였지만, 그의 친구들은 도미니코가 몸이 너무나 허약한 것을 잘 알고 있었으므로 가서 쉬도록 권했습니다. 마지못해 도미니코는 친구들의 권유를 받아들였습니다.
 "그래, 그럼 미안하지만 나 먼저 가서 잘게. 그러나 다 마친 후에는 잠을 꼭 깨워줘! 성모님께 드리는 이 성모상 안치대를 빨리 보고 싶으니까!"

14

개인적 성사

경험이 말해 주는 바와 같이 소년들의 신앙적 생활의 가장 큰 은총의 샘은 고해성사와 영성체입니다. 청소년이 이 두 가지 성사를 자주, 성실히 받는다면 건전하게 자랄 수 있으며, 어른이 된 후에는 모범적인 그리스도교 신자의 생활을 하게 됩니다. 그러니 만큼 청소년들 자신이나 또 그들과 함께 살면서 교육하고 있는 분들이, 이점에 대하여 확신을 갖는다면 이 얼마나 좋은 일이겠습니까! 또 그대로 실행에 옮긴다면 얼마나 큰 결실이 있겠습니까!

학원에 들어오기 전에 도미니코는 한 달에 한 번 정도씩 고해성사와 영성체를 했습니다. 그러나 그후부터는 자주했는데 특히 다음과 같은 나의 말을 들은 후부터 더욱 그랬습니다.

"소년 여러분, 만일 천당으로 가는 길 위에서 항상 살아가고 싶으면 지금부터 세 가지를 잘 할 필요가 있습니다. 규칙적으로 고해하고, 자주 영성체하며, 고해 신부님을 한 분 정해서 여러분의 마음의 짐을 벗어 놓고 가볍게 하는 것입니다."

도미니코는 바로 이 권고를 받아 들였습니다. 그는 고해 신부님을 일단 정한 후에 기숙 학원에 머무는 동안은 이 고해 신부님을 바꾸지 않았습니다. 그래서 시제는 이 소년을 깊이 알 수가 있었고, 또 그는 총고해를 그 사제에게 했습니다. 처음에는 두 주일에 한 번씩만 고해와 영성체를 했으나, 얼마 후에는 매주일마다 했습니다. 그에게

 발전이 없는 것 같자, 고해 신부님은 매주 세 번씩 영성체하기를 권유했고 그해 연말에는 매일하게 되었습니다.
 어떤 때는 몹시 꼼꼼한 생각에 잠겨서 거의 나흘에 한 번 정도로 고해 신부님에게 성사를 보자, 그의 고해 신부님은 매주 규칙적인 고해성사 외에 너무 자주 성사를 보지 않도록 하라고 말하기까지 했습니다.
 도미니코는 자기의 고해 신부님을 한없이 신뢰하고 있었기 때문에 그는 고해성사뿐만이 아닌, 그의 영혼에 관한 문제도 사제에게 말하였습니다. 그리고 절대로 고해 신부님을 다른 사제로 바꾸려 하지 않았습니다.
 "고해 신부님은 영혼의 의사다."
 이렇게 그는 주장했습니다.
 "사람들은 신용할 수 없는 경우나 치료의 가망이 없을 경우에 의사를 바꾼다. 그런데 나는 그렇지 않다. 나는 내 고해 신부님을 신뢰하고 있으며, 또 나의 고해 신부님이 나를 도와주지 못할 일이 있으리라고는 생각하지 않는다."

때로는 오히려 그의 고해 신부님이 다른 고해 신부님에게 좀 가보도록 그에게 권고하기도 했습니다. 피정 기간과 같은 때에 도미니코는 순순히, 아무런 반대 의사도 없이 순명했습니다.

하여간 도미니코는 자주 이렇게 말했습니다.

"난 무슨 걱정이라도 생기면 곧장 나의 고해 신부님한테 가지. 그러면 고해 신부님은 하느님께서 내가 무엇하기를 원하시는지를 나에게 대신 말씀해 주시거든. 고해 신부님의 목소리는 바로 하느님의 목소리라고 주께서 말씀하시니까! 그리고 무슨 중요한 어떤 일을 하고 싶으면 영성체하러 가서 십자가상에서 제물로 바쳐지신 예수님의 보배로운 몸을 받아 모시니 정말 행복해. 난 다만 천당에 가서 그 지극히 복되신 하느님 모습을 직접 뵙는 것 외엔 다른 아무런 소원이 없어!"

이러한 마음의 태도는 도미니코의 큰 행복을 말해 주는 것이며, 그의 확고한 기쁨과 특히 그의 얼굴에 나타나는 천상적 즐거움을 나타내 주는 것입니다.

나는 도미니코와 함께 살고 있던 소년들에게 도미니코가 잘못하는 점이 무엇이며 닦아야 할 점이 무엇인지 즉, 고쳤으면 하는 점과 부족하게 느껴지는 덕목이 무엇이냐고 물어봤었습니다. 모든 아이들은 다 이구동성으로 그에게는 고쳐야 할 점도 발견하지 못했고 또 마땅히 지녀야 할 덕행의 어느 부족한 점도 찾을 수 없다고 말한 적이 있습니다. 그의 영성체 준비는 철두철미했습니다. 그는 영성체 전날 밤에 침대에 눕기 전에 소리를 내어 기도했습니다.

"지극히 거룩하온 하느님의 성사는 매순간 찬미와 찬송을 받을지어다."

영성체 당일 아침에도 그는 준비를 새롭게 했습니다. 그의 영성체 후 감사기도는 끝날 줄을 모를 정도였습니다. 그는 시간이 얼마나 지났는지도 모르고 아침식사와 휴식과 학교 수업 같은 것도 잊어버린 채, 기도 속에서 사람에게 그처럼 큰 자비의 보배를 베풀어 주시는 하느님의 선하심을 조용히 생각하는 데만 빠져 있기 일쑤였습니다.

성체 앞에서 공경하는 마음으로 시간을 보내는 것이 그에게는 아주 즐겁고 기쁜 일이었습니다. 그는 매일 빠짐없이 적어도 한 번 이상은 성체조배를 했으며, 혼자만 하는 것이 아니라 친구들을 데리고 가서 같이 하였습니다. 특별히 도미니코가 좋아하는 것은 "성심께 드리는 작은 꽃다발"이라고 하는 기도로써, 비신자와 냉담자와 이단자들이 성체성사를 거슬러 범하는 죄를 기워 갚는 기도였습니다.

그는 또 영성체를 좀더 효과 있게 하고, 자신의 마음을 더 북돋기 위해 매일의 지향을 짜기도 했습니다.

주 일 : 천상의 성삼을 공경하는 뜻으로
월요일 : 나의 은인들을 위하여
화요일 : 나의 주보, 성도미니코와 수호천사께
수요일 : 죄인들의 회개를 위하여 통고의 모친께
목요일 : 연옥 영혼을 위하여
금요일 : 예수의 수난을 공경하는 뜻으로
토요일 : 살아 있을 때와 죽을 때에 성모의 도우심을 입기 위하여

또 성체성사에 관한 것은 무엇이나 다 도미니코의 주의를 끌었습니다. 만일 병자성사를 주러 성체를 모시고 가는 사제를 길거리에서 만나면 그는 즉시 무릎을 꿇었으며, 시간이 있을 때에는 그 사제를 따라 병자의 집에까지 갔다오곤 했습니다.

이런 일도 있었습니다. 비가 와서 길이 몹시 질퍽거렸습니다. 그런데 성체를 모시고 가는 사제를 만나자 땅이 질퍽질퍽했으나 도미니코는 그래도 주저하는 빛이 없이 즉시 물구덩이 투성이인 길바닥에 무릎을 꿇었습니다. 그러자 같이 가던 아이가 투덜거렸습니다.

"야, 옷을 버리잖아. 하느님께서 그렇게까지 원하시지는 않을거야!"

도미니코는 다음과 같이 대꾸했습니다.

"내 무릎과 의복은 하느님의 것이니까, 하느님을 섬기는 데 사용해야지. 그러니까 하느님께서 지나가실 때는 즐거이 몸을 굽혀 진흙 바닥일지라도 공경을 바쳐야 돼! 만일 하느님의 그 무한하신 사랑을 조금이라도 받을 수 있다면 용광로 속에라도 몸을 던지겠어."

이와 비슷한 경우가 또 있었습니다. 성체를 모시고 사제가 지나가는데 어떤 군인이 바지를 흙에 더럽히지 않으려고 다만 '차렷' 자세로 서 있을 뿐, 무릎을 꿇지 않고 있었습니다. 이때 도미니코는 얼른 주머니에서 손수건을 꺼내어 조약돌이 있는 땅에 깔면서 거기에 무릎을 꿇으라는 시늉을 해보였습니다. 그러자 군인은 당황해가지고 얼른 무릎을 꿇는 것이었습니다.

그 더러운 거리에, 한 번은 성체성혈 대축일이었는데, 도미니코는 복사하라는 소리를 듣고 아주 기뻐했습니다. 또 본당의 성체 행렬에 참례하게 되자 그는 뛸 듯이 기뻐하며 혼잣말을 했습니다.

"항상 이런 특전을 청할 수 있으면 얼마나 좋을까?"

15

고행 보속과 천진 무구함

도미니코의 어린 나이와 허약한 체질, 그리고 그의 순결 무구함은 확실히 어떤 종류의 보속이든 간에 하지 않아도 괜찮을 만했습니다. 그러나 도미니코는 그렇게 생각하지 않았습니다. 그는 자신이 보속과 극기가 없이는 순결함을 보존하기 힘들다는 사실을 잘 알고 있었습니다. 그래서 그는 보속하는 것을 겁내지 않았습니다. 여기서 지금 내가 말하는 소위 보속과 몸의 고통을 받아 참는 것은 흔히 우리가 생각하는, 남에게서 받는 모욕을 참아 내고, 당하는 불편을 달게 받고, 기도나 공부나 놀이 때에 참아야 할 것 등을 말하는 것이 아닙니다. 물론 도미니코는 이런 것들을 계속적으로 실천했으나, 여기서 의미하는 보속은 육신을 벌하는 것을 말합니다.

그는 매주 토요일에 성모님을 공경하는 뜻으로 빵과 물을 줄이고 극기를 하였으나 그의 고해 신부인 나는 이를 금지시켰습니다. 그는 사순절에도 극기를 시작했으나 일주일 후에 나는 이 사실을 알고 못하게 했습니다. 그는 적어도 아침은 먹지 않으려 했습니다. 사순절이지만 먹으라고 허락되었음에도 불구하고 한사코 먹지 않으려 했습니다. 이러한 극기는 틀림없이 그의 허약한 몸을 아예 고칠 수 없는 약질이 되게 하였을 것입니다.

그가 단식재를 지키지 못하게 되자, 그는 자기 나름의 방법을 생각해 내었습니다. 즉 자갈과 나뭇가지 같은 것을 자기 침대 속에

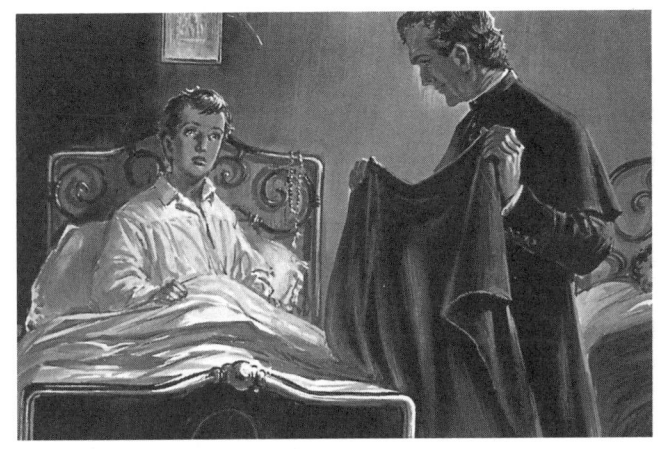

넣어 잠자리를 거북하고 괴롭게 만들어서 극기하는 것이었습니다. 그리고 그는 머리털로 짠 따갑게 찌르는 고복(苦服)을 입고 싶어 했습니다. 이런 모든 것이 다 발각되어 금지되어도 그는 어떤 다른 방법으로라도 극기를 하려고 했습니다.

가을과 겨울에도 그는 여름 잠옷을 사용하고 있었고 1월달에도 얇은 담요를 한 장만 덮고 잤습니다. 어느 날 아침, 그가 너무 아파서 일어나지 못하여 가보았더니, 얇은 담요 한 장만 덮고 있는 것이었습니다. 나는 놀라 소리쳤습니다.

"아니, 이게 도대체 무슨 짓이냐! 얼어 죽고 싶으냐!"

"네, 저도 얼어 죽고 싶어요. 예수께서는 말구유와 십자가 위에서 덮을 것이 없으셨으니까요!"

그 다음부터 나는 내 허락이 없이는 아무런 극기도 하지 못하도록 그에게 명령을 내렸습니다. 그는 이 명령에 몹시 언짢아하면서도 순순히 받아들였습니다.

어느 날인가는 그가 좀 불안해 하는 얼굴로 내게 말했습니다.

"신부님 저는 무엇을 해야 할지 모르겠어요. 주께서는 천당에 가려면 몸의 고통을 받아 참고 보속해야 한다고 하셨는데, 그런데 신부님은 제게 아무것도 못하게 하시니 이렇게 해서 어떻게 천당에 갈 수 있을까요?"

나는 대답해 주었습니다.

"하느님께서 네게 명하시는 보속은 순명이다. 순명을 하는 것으로 만족하도록 해라. 그러면 그것으로 넉넉하다."

"하지만 신부님, 저…… 다른 방법으로 보속을 하면 어떨까요?"

"아무렴, 어떤 보속을 해야지. 즉 매일 당하는 모욕, 더위와 추위, 피곤, 비바람, 또 허약한 건강에서 오는 불편함 등, 하느님께서 네게 보내시는 것을 달게 여기고, 참아내는 보속을 해야지."

"신부님, 그렇지만 그런 보속은 어쩔 수 없이, 좋으나 싫으나 참아 받아야 되는 것 아니예요?"

"그렇지, 그런데 그것을 다 하느님께 바치란 말이다. 그러면 모두 덕이 되고 공로가 되는 것이니까."

이 말이 그의 마음을 좀 풀어준 모양이었습니다. 그는 만족한 얼굴로 좋아라고 뛰어나가 놀았습니다.

16

마음의 순결

 도미니코는 아주 특출하게 단정한 덕을 지니고 있었으며, 이것은 하느님께서 그를 창조하실 때부터 같이 내려 주신 듯했습니다. 그러나 그를 가르친 선생님들과 그와 가까이 지낸 그의 친구들은 이 덕이, 그의 끊임없는 노력과 하느님 은총의 도우심의 결과라는 것을 잘 알고 있었습니다.
 그는 천성적으로 매우 예민하고, 관찰하는 능력이 타고났기 때문에 눈을 억제하기 위해서 무척 애를 쓰지 않으면 안 되었습니다. 그는 어느 친구에게 이렇게 이야기를 한 적이 있습니다.
 "처음에는 눈을 조심하니까 너무 피곤하고 때로는 머리까지 아팠어."
 그러나 그때만해도 그는 아주 단정하였으며, 남들은 그가 단 한 번이라도 눈초리를 단정하지 않게 취하는 것을 본 적이 없었습니다. 그는 다음과 같이 말할 때가 자주 있었습니다.
 "눈은 창문이다. 이 창문으로 천사도 들어오고 악마도 들어오게 된다. 그러니 우리는 우리의 눈과 마음을 잘 감시해야 한다."
 하루는 어떤 아이가 불결한 그림이 있는 잡지를 마당으로 가지고 나왔습니다. 으례 만화라면 아이늘이 좋아해 모두 우르르 모여들었고, 도미니코도 뛰어가 보았습니다. 도미니코는 무슨 퍽 재미있는 것이 있으리라고 여겼는데, 실상 아이들이 기웃거리며 모여들어서

보는 것을 아이들의 머리 틈으로 들여다 보고는 즉시 뛰어들어 불쾌한 표정으로 그 잡지를 빼앗아 발기발기 찢어 버렸습니다. 아이들은 깜짝 놀라서 멍하니 바라보고 있었습니다. 도미니코는 큰소리로 말했습니다.

"도대체 이게 뭣하는 거지. 너희들은 바보들이야. 하느님께서는 당신의 복되심을 보라고 우리에게 눈을 만들어 주셨는데, 너희들은 이 귀한 눈을 가지고 나쁜 사람들이 만들어 놓은, 영혼을 더럽히는 그림을 보고 있다니! 우리 주께서는 단 한 번만 쳐다 보아도 죄를 범할 수가 있다고 하셨는데, 그래 너희들은 마냥 들여다 보고 있니?"

그 중에 어떤 아이가 핑계를 댔습니다.

"아냐. 단지 만화를 보면서 웃고 있는 건데 뭐……."

"그래 어디 웃으면서 그것을 계속 보고 있어봐! 웃으면서 지옥으로 가게 될 테니. 아마 지옥에 가서는 웃음이 없어질거다."
　또 다른 아이가 대꾸했습니다.
　"야, 내 생각에는 뭐 그게 그렇게까지 나쁠 건 없을 것 같다!"
　도미니코는 펄쩍 뛰었습니다.
　"넌 정말 더 큰일이구나. 네가 나쁜 것을 보고도 그것이 나쁜 것인지 아닌지 분별조차 못 할 정도라면, 네 눈은 항상 이런 것을 쳐다봤다는 뜻이지! 다르게는 어떻게 할 말이 없지! 그런 걸 자주 보면 볼수록 더욱 죄가 커지는 걸 몰라? 참 딱하기도 하다! 어떤 성인은 늙어 임종 때에 누워서도 부끄럽고 수치스러운 것을 보지 않으려 자기 두 눈과 약속을 새롭게 하기도 했다더라. 그런데, 우린 이게 도대체 뭐냐!"
　아이들은 모두 조용해졌습니다. 더 이상 감히 도미니코에게 대꾸하는 아이가 없었습니다.
　도미니코는 자신의 두 눈을 조심하기 위해서 자신의 혀도 조심했습니다. 누가 말할 때에는 조용히 침묵을 지켰고, 자기가 해야 할 말을 다하지 못하면서도 남에게 말할 틈을 주기 위해 자기의 말을 중도에서 그치기도 했습니다.
　그의 선생들이 다 같이 인정하는 것은 성당에서나, 교실에서 도미니코에게 말을 어서 끝내라고 한번도 말한 적이 없다는 것입니다. 경우에 따라서는 옆에서 추켜 주거나 해도 그는 여전히 조용하게 침묵을 지켰습니다.
　아주 좀 고약한 습성을 가진 아이가 있었습니다. 하루는 그가 도미니코의 온순한 충고를 고맙게 여기고 달게 받기는커녕 오히려 대들면서 소리를 지르다 못해 주먹으로 치고 발로 막 차는 것이었습니다. 도미니코는 그 자리에서 당장에 복수를 할 수 있었습니다.

왜냐하면 그 아이보다 도미니코가 훨씬 크고 힘도 세었기 때문입니다. 또 사실상 도미니코도 화가 나서 어쩔 줄을 몰랐지만, 자신을 힘껏 누르며 좀 가라앉히고는 이렇게 말했습니다.

"넌 지금 아주 잘못한 거야. 나는 그냥 내버려 두겠지만 다른 사람에게 다시는 그러면 안 돼!"

자, 이제 도미니코의 또 다른 극기에 대해서 무엇을 더 말해야 할 필요가 있겠습니까? 이제 몇 가지 사건만을 더 말하고 마쳐야겠습니다.

어느 겨울에 도미니코의 손은 모두 동상에 걸렸습니다. 그런데 그에게서 아파하는 기색이나 말을 듣지 못했습니다. 오히려 도미니코는 농담삼아 이렇게 말을 했습니다.

"더 심하게 동상에 걸려야 건강에 더 좋지."

그와 같은 반의 친구들은 모두 도미니코가 밖에서 움직일 때 얼마나 천천히 걸어 다녔는지 잘 알고 있는데, 이것이 그가 추위를 좀더 겪음으로써 보속하기 위한 것이었습니다. 그의 어떤 친구는 이렇게 말했습니다.

"아주 살을 깎아내는 듯 지독하게 추운 겨울날에, 도미니코는 한두 번이 아니라 자주 바늘이나 펜촉으로 얼어 터진 상처를 쑤시는 것을 보았는데, 이것이 그가 예수님의 수난을 닮아 보려 한 것 같았어."

아이들이 모여 앉거나 서성거리는 곳에서 언제나 불평과 욕이 오고가는 말의 대부분이었습니다. 그런 때에 아이들은 성당의 복사나 학교의 규율에 대해서 투덜거렸습니다. 늘 뛰어놀려고만 했고 식사하는 태도도 과히 좋지 않았습니다. 하여간 그들은 항상 무엇이든지 불평할 것들만이 있었습니다. 이런 아이들은 어른들의 골칫거

리였고, 한걸음 더 나아가서는 학교 전체를 망쳐놓게 되는 것이었습니다.

도미니코는 아주 완강하게 그런 아이들과 대립해서 반대하고 나섰습니다. 도미니코는 기후에 대해서까지도 불평하지 않았습니다. 도미니코는 추우나 더우나 늘 한결같은 모습을 보였습니다. 식사 때에도 나오는 대로 먹었고, 조용히 남모르는 극기를 했습니다. 다른 아이들이 음식이 뜨겁다는 둥, 너무 식었다는 둥, 너무 맵거나 짜다는 둥 여러 모로 불평을 늘어놓을 때에도 그는 아주 맛있는 음식이라고 말하는 것이었습니다.

식사 후에 남들이 다 나간 다음 식탁 위를 정리하는 것은 언제나 도미니코였습니다. 대개 도미니코는 식탁 위를 정리하여 남은 부스러기를 모아서 먹곤 하였습니다. 그래서 한번은 이렇게 식탁 정리를 해서 모은 부스러기를 먹는 것을 어떤 아이가 보고 놀라 그에게 한마디를 하였는데, 도미니코는 아무렇지도 않다는 듯이 대답했습니다.

"내 음식을 일부러 부스러뜨리지는 않아. 이건 늘 나 먹으라고 이렇게 부서져 있는거지!"

자신이 남모르게 하는 극기라는 것을 그렇게 감추었습니다.

도미니코는 항상 식사를 깨끗하게 모두 다 먹었으며, 그렇다고 탐식을 해서 더 먹으려 들지 않았습니다. 그는 더 달라고 하는 옆의 친구들에게 자기 몫의 식사도 덜어주곤 했습니다. 어떤 아이가 이렇게 물었습니다.

"얘, 넌 왜 입맛 떨어지게 빵부스러기나 나른 음식 찌꺼기를 꼭 가져다 먹니?"

도미니코는 대답했습니다.

"뭐든지 우리가 먹는 것은 다 하느님께서 주신 것인데 내버리면 아깝잖아. 그리고 주신 하느님께 감사하는 태도도 못되고. 주신 것은 다 잘 써야 하고 먹어야 된다고 생각해. 이 조각 하나라도 우리에게 주셨으니까 하느님께 감사드려야지."

그는 아픈 친구들의 구두를 닦아주고 옷을 털어주고 방을 쓸어주는 등의 작은 봉사를 해주는 것에 몹시 즐거워했습니다. 그는 자주 이렇게 말했습니다.

"내가 할 수 있는 것이니까 하는 것이지 뭐."

"난 뭐든지 많이 하진 못하지만, 그저 하느님을 위해서 할 뿐이야."

"제발 하느님께서 원하시는 대로 해야 하는데……."

다른 일에 있어서도 그는 늘 그렇게 했습니다. 그가 즐기는 것을 먹지 않고 싫어하는 것을 먹는 일이라든가, 또는 자기 눈을 조심하며 자기의 고집을 스스로 꺾는 일이라든가, 또 마음이나 몸의 고통을 끝까지 꾸준하게 참아 나가는 일 등을 한결 같이 해 나갔습니다. 도미니코는 날마다 하루 온종일 자신에 대해서 극기하는 생활을 했습니다.

내가 지금 여기서 도미니코가 한 여러 극기를 일일이 들어 말할 수가 없기 때문에 다른 여러 사실들을 생략합니다. 하여간 그가 얼마나 모든 것에서 극기하려고 고심하였었는지, 기회마다 놓치지 않고 그 고통을 바치려고 애썼으며 하느님 대전에서 자신을 거룩하게 만들기 위해 노력했는지 실로 놀라울 정도입니다.

17

무염시태의 성모회

　도미니코의 일생은 실로 성모께 한평생 계속해서 바치는 신심 행사라고 말할 수 있습니다. 그는 어느 때나 성모님을 공경할 기회를 놓쳐 버리거나, 헛되이 지나쳐 버리는 법이 없었습니다.
　1845년 교황 비오 9세께서는 성모무염시태 교리를 신덕 교리로 선포하셨습니다. 도미니코는 주일학교에서 하느님의 모친이신 성모님 공경에, 특히 성모님께 화관을 씌워드림에 있어 혹시나 부족함이 없을까 이렇게 걱정을 했습니다.
　"꼭, 무엇인지를 해 드려야겠는데, 올바로 잘 해 드려야겠는데, 시간은 별로 없고……."
　그의 애덕은 반 친구들을 움직여 마침내 하나의 계획을 세우게 하였습니다.
　도미니코는 몇몇 친구를 불러 모아서 그 모임을, "무염시태의 성모회"라고 이름지었습니다. 이 회의 목적은 살아 있는 동안과 죽을 때에 성모의 도움을 입자는 데 있었습니다. 그 방법으로는 하느님의 어머님께 대한 공경을 널리 전하여 자주 영성체하는 것이었습니다. 1856년 12월 8일, 그 꼬마들은 서로 합의하여 규칙을 만들었습니다. 도미니코가 죽기 4개월 선 일이있습니다.
　그날 소년들은 성모 제대 앞에 무릎을 꿇고 도미니코가 큰소리로 정성껏 규칙을 낭독했습니다. 이제 다른 이들도 이들을 본받게 하기

위하여 당시 이 회의 규칙을 적어 보고자 합니다.

학교의 모든 규칙을 충실히 지킨다.
친구들을 서로 도와주되, 특히 좋은 표양으로써 도와준다.
시간을 잘 활용한다. 우리 결심을 잘 실천하기 위하여 이상 세 가지 규칙을 지키기로 한다. 그리고 다음 규칙을 따르기로 한다.
1. 우리는 무엇보다 온전히 신뢰해야 할 웃어른에게 순종한다.
2. 우리는 우선 본분을 먼저 다하기로 힘쓴다.
3. 우리는 서로 사랑하며, 함께 뭉쳐 반 친구들을 다 똑같이 사랑하고, 그들이 잘못하거나 또 필요할 때마다 착실히 충고해 준다.
4. 매주 반 시간씩 회합을 갖는다.

하느님이신 성신께 기도드린 후, 간단한 영적 독서를 하고 덕행과 신심에 있어 반성할 점과 앞일에 대하여 의논한다.
5. 서로의 잘못을 고쳐 준다.
6. 서로 참아 주고 말썽꾸러기들도 친구로서 받아들인다.
7. 어떠한 특별한 기도를 더하도록 정하지 않는다. 그러나 각자는 자기의 본분을 다한 후에, 남은 시간을 자기 영혼을 위해서 보내도록 할 것이다.
8. 다음의 신심은 권장할 뿐이다.
고해성사를 자주하고, 주일과 축일에 영성체하고 9일기도 때와 성모축일 때, 우리 학원의 축일과 또 매주 목요일에는 무슨 중대한 일이 없는 이상 영성체를 한다.
9. 날마다, 특히 묵주의 기도 후에는 우리 회를 위하여 기도할 것이며, 성모님께서 언제나 우리에게 은혜를 주시도록 기도한다.
10. 매주 토요일에는 무염시태의 성모님께 각기 정성을 표시하는 믿음 활동을 한다.
11. 기도할 때에는 자세를 바로 가진다. 또 복사할 때에나 교실과 자습실에서도 마찬가지로 똑바른 자세를 갖는다.
12. 하느님의 말씀을 보배로 여기고 지킨다.
13. 게으름이나 소홀함, 의혹이 오지 못하게 하기 위해서 시간을 허비하지 않도록 한다.
14. 일을 마친 후에는 기도하거나 좋은 책을 읽음으로써 남은 시간을 보내기로 한다.
15. 식사, 수업, 자습 시간이 끝나면 언제나 휴식하기로 한다.
16. 할 수 있는 대로 예외적인 것이나 기타 다른 부탁을 청하지 않도록 한다. 이는 많은 학생들이 너무 자주 남에게 의지하고

부탁하는 것 때문인데, 우리가 학교 규칙을 더욱 완전히 지키기 위해서 조심해야 한다.
17. 우리의 품행에 도움이 되는 것이면 무엇이나 웃어른에게 알려 드리기로 한다.
18. 식사에 대해서 불평하거나 투정하지 않기로 하고, 남도 이같이 할 수 있도록 돕는 데 힘쓰기로 한다.
19. 우리 회에 들어오고 싶은 사람은 누구든지 먼저 고해와 영성체로써 자신을 깨끗이 한다. 그런 다음에 어느 한 주일 동안 시련기를 보내야 하며, 우리 회의 규칙을 충실히 조심스럽게 읽고 하느님과 성모님 앞에서 약속해야 한다.
20. 새 회원이 입회하는 날은 우리 모두가 영성체하며 언제나 변하지 않고 순종하며 하느님을 사랑하는 덕을 그에게 주시도록 주님께 기도한다.
21. 우리 회는 무염시태 성모님의 보호에 맡기며, 회원도 무염시태 성모님의 패를 몸에 지니기로 한다. 솔직하고 어린이다운, 성모님께 대한 우리의 한없는 신뢰심은 우리에게 그분의 도우심을 이끌어들여 모든 장애물을 이기고 우리의 결심을 더욱 굳게 하며, 우리 자신에 대해서는 엄격하고 남에게 대해서는 친절 부드러우며, 모든 일에 있어 빈틈이 없이 생활한다.

마지막으로 우리 모든 회원 가슴에 "마리아"라는 이름을 쓰도록 권유하는 바이며, 그뿐 아니라 각 회원의 책이나 물건 등에도 "마리아"라는 이름을 쓰기를 권한다. 우리의 이 규칙은 우리의 교장 신부님이 읽어보시고 고치라고 하시는 점이 있으면 즉시 순종하며 교장 신부님의 뜻에 따르기로 한다.

성모님께서 당신이 이 회의 모임을 일으켜 주셨으니, 우리에게

강복해주실 것이며, 우리의 노력을 보시고 미소지으실 줄 믿으며, 우리의 바람에 강복하시고, 우리의 원수, 지옥의 사자가 일으키는 폭풍 중에서 우리를 당신의 성스러운 옷으로 감싸 해를 입지 않도록 해주실 것이다. 우리는 성모님의 도우심으로 반 친구들을 격려하고, 우리의 웃어른들을 공경하며 성모님의 자녀들을 사랑하도록 할 것이다. 만일 하느님께서 우리에게 은총으로써 장차 사제가 되게 해주신다면 우리는 온갖 힘을 기울여 그를 섬기도록 노력할 것이다.

우리는 약한 우리 자신을 따르지 않고 하느님의 도우심에 맡길 것이며, 지상의 귀양살이가 끝나는 임종 때에는 성모님에게서 위안을 받고, 하느님께서 영신과 진리로 당신을 섬기는 자들을 위하여 마련해 놓으신 상을 받을 희망을 굳게 가지도록 할 것이다.

나는 그들의 이러한 규칙을 한번 살펴본 다음에 아래와 같은 것을 덧붙여주었습니다.

1. 이 약속은 허원처럼 강요하는 것이 아니다.
2. 이것을 지키지 않아도 아무런 죄가 안 된다.
3. 회합에서는 어떤 착한 행동을 하기로 제안할 것이다. 예컨대 성당 청소나 꼬마들에게 교리를 가르치는 것 등이다.
4. 주간을 나누어서 매일 아침마다 영성체하는 사람이 있으면 좋겠다.
5. 교장 신부님의 허락이 없이는 어떠한 기도도 덧붙여 하지 못한다.
6. 이 회의 주요 목적은, 무염시태의 성모께 대한 신심과 성체성사에 대한 신심을 기르고 전하는 데 있다.

18

도미니코와 가밀로 가비오

모든 아이들이 거의 다 조금씩 도미니코를 닮아가는 것 같았습니다. 도미니코와 친하게 지내지 않는 아이들조차도 그의 덕행에 감동되어 존경하지 않을 수가 없었습니다. 그는 이제 어떻게 하면 모든 이와 한결같이 잘 사귈 수 있는지를 알게 되었습니다.

도미니코의 덕행은 너무나 확고 부동하였기 때문에 웃어른들도 그의 덕행을 시험해보기 위하여 가장 습관이 좋지 않은 아이와 같이 다니도록 해보기도 하였습니다. 도미니코는 시키는 대로 그렇게 하며 자기가 하는 놀이도 하고 시간도 유익하게 보내곤 하였습니다. 그러나 사실상 그의 진실한 친구들은 무염시태회의 친구들이었습니다. 웃어른들의 허락을 받고, 매주 그들은 회합을 가졌습니다. 회합에서는 토론과 신심에 관한 일도 하고 회의 순서와 신심 예절도 의논하였으며 영성체하는 날도 서로 정하여 특히 학원에서 가장 품행이 좋지 않은 아이를 하나씩 골라서 떠맡기도 했습니다. 그래서 회원 각자는 그런 아이의 친구가 되어 최선을 다해서 이끌어 보는 것이었습니다. 어쨌든 도미니코는 그 회의 생명과도 같았습니다.

나는 지금 그 당시 이 회의 회원이었던 아이들의 이름을 일일이 말할 수가 있습니다. 그리고 그들의 대부분은 도미니코의 친구였으며, 아직도 살아 있는 이들이 많습니다. 그러나 여기서 일일이 다 말할 필요는 없고 다만 두 명만 말해 보겠습니다. 이 두 아이는

다 하느님께 천국으로 불려갔습니다. 그들은 가밀로 가비오와 요한 마샬라입니다.

가비오는 우리와 두 달밖에 같이 살지 않았으나 우리 학원에는 아주 오랫동안 살아온 듯한 큰 인상을 남겼습니다. 그 이유는 그가 정말 뚜렷하고 착한 품성과 훌륭한 재주, 즉 천재적인 소질로 그림과 조각에 뛰어났기 때문입니다.

토르토나의 읍내 회의에서 예술 공부를 하도록 토리노에 보낸 아이입니다. 그가 우리 학원에 처음 들어왔을 때에는 몹시 앓고 있었으며 그 이유는 너무 허약하기도 했었지만, 집 생각 때문에 더했는지도 모릅니다. 하여간 다른 아이들은 모두 뛰며 정신없이 노는데 혼자서 여기저기 돌아다니며 무슨 깊은 생각에 빠져 있는 듯하였습니다. 도미니코는 이것을 보고 이 아이를 기쁘고 명랑하게 해주려고 하였습니다. 그래서 그 옆에 다가갔습니다.

"넌 여기 아는 애가 없니?"

"응, 아직 없어. 그냥 모두들 저렇게 즐겁게 노는 모습을 보는 것이 좋아."

"넌 이름이 뭔데?"

"가밀로 가비오야. 토르토나에서 왔어."

"그래, 몇 살인데?"

"열다섯 살."

"어째 안색이 안좋아 보이는데, 어디 아프니?"

"응, 꽤 심하게 아파. 신경통의 열이 올라서 한번도 나아 본 적이 없어!"

"아이 저런! 그거 빨리 나아야 될 텐데, 참 큰일이구나."

"뭐, 크게 걱정은 안 해. 하느님의 뜻이니까."

도미니코는 즉시 가비오의 훌륭한 믿음을 알아차렸고, 또한 착하고 덕스러운 그 마음씨를 보고 서로 마음을 터놓고 이야기하게 되었습니다.

"하느님의 뜻대로 하고 싶어하는 이는 성인이 되고 싶어한다는데 너도 그러니?"

"물론이지. 나는 꼭 성인이 되고 싶어!"

"아, 정말 기쁘다! 우리 회에 회원수가 늘겠네. 그럼 너, 성인이 되고 싶은 친구들의 모임인 우리 회에 들어오지 않을래?"

"좋아. 그런데 어떻게 하면 들어가게 되지?"

"그건 간단해. 그냥 여기서 우리와 즐겁게 지내면 되는 거야. 여기에 성덕이라는 것이 있다고 하니까. 그래서 우리의 걱정은 하나밖에 없어. 우리 영혼의 원수인 죄를 피하는 것이지. 이 죄가 하느님께서 주시는 우리 마음속의 평화와 은총을 빼앗아 가거든. 하여간 우리의 본분을 잘 이행하고 기도를 열심히 하면 돼. 너도 지금부터 당장 시작할 수 있어. '즐거움에서 주를 섬기자!' 하는 표어를 내걸고 말야!"

이 새 회원은 도미니코의 말을 마치 진통제와도 같이 느꼈을 것입니다. 그날부터 가밀로 가비오는 도미니코의 아주 친한 벗이 되었습니다. 그리고 도미니코의 덕행을 본받으려고 애썼습니다. 그러나 그의 병은 그를 무덤으로 데려가고야 말았습니다. 의사들이 최선을 다해 치료해 보았으나 허사였습니다. 겨우 두 달 사이에 그의 병은 급속도로 악화되었고, 마침내 정성껏 병자성사를 받은 다음인 1856년 12월 30일에 세상을 떠났습니다.

도미니코는 병중에 있는 그를 자주 방문했고 허락을 받아 밤을 같이 보내기도 했습니다.

가비오가 죽었다는 소식을 듣고 도미니코는 그 시체를 보여 달라고 하였습니다. 그리고는 죽어 있는 벗의 얼굴을 바라보며 부드럽게 "다시 만나자!" 하며 속삭였습니다.

"나는 네가 천국에 가 있을 줄 꼭 믿어. 내 자리도 마련해 다오. 난 항상 너의 친구니까! 내가 살아 있는 동안 너의 영원한 안식을 위해서 기도할게!"

그리고 난 다음에 도미니코는 친구들과 함께 가비오의 방에 와서 연옥 영혼을 위한 기도를 드렸습니다. 그날 그를 위하여 다른 기도문도 더 바쳤습니다. 도미니코는 그를 위해서 영성체를 많이 하였고 다른 친구들에게도 가비오를 위해서 기도하고 영성체를 하도록 했습니다.

19

도미니코와 요한 마샬라

도미니코와 요한 마샬라와의 우정은 아주 두터웠고 또 오래 지속되었습니다. 마샬라는 도미니코의 고향인 몬도니오에서 그다지 멀리 떨어져 있지 않은 마리모리토에서 온 아이였습니다. 그는 비교적 같은 시기에 도미니코와 함께 우리 학원에 왔습니다. 이 두 꼬마들은 이웃 고향에서 왔고 둘 다 같이 사제 되기를 바랐고, 또 둘 다 성인이 되고자 했습니다.

어느 날 하루는 도미니코가 마샬라에게 이렇게 말했습니다.

"사제만 되려고 한다는 것은 좀 어딘지 부족한 감이 들어! 하여간 사제다운 덕행을 갖추도록 노력해야 되겠지?"

"정말 그래. 내 생각에도 우리가 힘껏 애쓰면 하느님께서도 사제다운 사제가 되도록 당신 은총으로 도와주실 것 같다!"

부활축일이 다가 왔을 때, 이 두 아이는 다른 아이들과 같이 피정을 하게 되었습니다. 피정이 다 끝나고 나서 도미니코는 마샬라에게 이런 말을 했습니다.

"얘, 우리 서로 아주 친하게 지내는 착한 친구가 되자. 특히 영혼의 친구가 되자. 그리고 내가 무엇을 잘못하는 것이 있거든 서슴지 말고 알려줘. 또 네가 좋은 것을 잘하는 것이 있거든 내게 말해서 같이하게 해줘."

"그것 참 좋은 생각이야. 그러나 사실상 내가 네게 해 줄 말은

별로 없지만, 네가 항상 나를 타일러 주고 고쳐 주어야 할 것이 너무 많은 것 같아."

"얘, 그런 지나친 겸손은 그만두고 우리 서로 같이 일하고 서로 도와 나가자!"

이날부터 도미니코와 마샬라는 더욱 친한 친구가 되었고, 그들의 우정은 덕행에 뿌리를 내렸으므로 아주 튼튼하였습니다. 이 두 꼬마는 서로 선을 행하고 악을 피하려는 두 가지 일에 있어 서로 경쟁적으로 해나갔습니다.

학년말 시험이 끝난 후 방학이 시작되자, 아이들은 모두 자기 집으로 돌아가게 되었습니다. 그런데 공부나 신앙 생활에 좀 뒤떨어진 어떤 아이들은 그것을 보충하기 위하여 기숙학원에 더 오래 머물기를 요청하곤 하였습니다. 마샬라와 도미니코도 이런 아이들 중에 하나였습니다. 그러나 내가 잘 알고 있었던 것은 그들의 부모님들이 방학 때가 되면 그들을 보고 싶어 하였고, 또 좀 더 잘해줄 기회를 기다리고 있다는 것이었습니다. 그래서 나는 그들에게, 방학인데 왜 집에 돌아가고 싶어하지 않는지 물어 보았습니다. 그들이 웃으면서 대답을 하지 않아 나는 다시 물어 보았습니다.
"왜 웃기만 하지?"
그랬더니 도미니코가 대답하였습니다.
"사실 부모님들이 저희를 보고 싶어하시고, 또 저희들도 부모님을 뵙고 싶습니다. 그러나 새가 새장 속에 있을 때에는 매에게 채어 잡힐 염려가 없지만 새장에서 나가 제멋대로 날아가고 싶은 데로 날아다니면 잡혀 먹힐 위험이 있을 것 같습니다."
그럼에도 불구하고 나는 이 꼬마들의 건강을 위해서 이들을 둘다 집으로 돌려보내는 것이 훨씬 나으리라고 생각되어 집으로 가게 하였습니다. 그래서 그들은 내 말을 따라 집에 갔다가 올 날짜가 되자 곧 돌아왔습니다.
마샬라의 덕행에 대하여 무엇을 써야 한다면, 이는 곧 도미니코의 덕을 되풀이하는 것 같을 것이니 그는 도미니코의 덕을 본받고 있었기 때문입니다. 그는 건강이 매우 좋아서 끝까지 공부하리라는 기대를 했습니다.
그는 고등학교 졸업 후, 성직자 선발 시험에 합격하였습니다. 그러나 안타깝게도 그렇게도 그가 사랑하고 좋아하던 수련복은 불과 몇 달밖에 입지 못했습니다. 그는 독감에다가 위장병까지 걸려 자리에 눕게 되었습니다. 그래서 학업을 중단하고 휴양을 하게 되었습니다. 그의 부모님들은 그를 고향으로 데리고 갔습니다. 집에 간 그는 도미니코에게 편지를 보냈습니다.

사랑하는 벗에게!

난 집에 며칠 동안만 있게 되리라고 생각하고 학교에다 책이랑 필기구 등을 모두 두고 왔어. 그런데 병이 생각했던 것보다 더 심해지는 것 같다. 완치될는지 의심스러워. 아무래도 일어나긴 어려울 것 같다. 의사 선생님은 나아지고 있다고 말하지만, 나는 더 아프기만 해. 어쨌든 의사 선생님의 말이 맞는지 내 생각이 옳은지 얼마 지나면 다 알게 될거야. 넌 내가 너와 떨어져 있고 또 학원에서 이렇게 떨어져 있는 것이 얼마나 싫은 일인지 모를 거야. 여기서 난 신심에 관한 어느 것도 제대로 할 수가 없어. 다만 한가지 즐거운 것은, 우리가 서로 영성체 준비를 하던 그날들을 추억해 보는 것뿐이야! 내 생각에는 비록 우리가 몸은 서로 떨어져 있어도 마음으로는 함께 있다고 생각해. 부탁이 하나 있어. 내 옷장을 열면 거기 종이도 좀 있고 '준주성범' 책도 있는데, 그것을 우편으로 부쳐주면 고맙겠어. 그런데 보낼 때 준수성범은 라틴어로 된 것을 보내줘. 내가 번역문을 좋아하긴 하지만 원문만큼은 즐기지 않으니까.

지금 난 기운이 없어서 아무것도 못하고 있어. 그리고 의사 선생님은 어떤 공부도 못하게 해. 나는 그저 방 안에서 왔다갔다 하면서 '내가 다시 나을 수 있을까?' 또, '병이 나아서 내 친구들을 다시 볼 수가 있을까? 이 병으로 내가 그냥 죽는 게 아닐까?' 하고 혼자서 생각만 해보고 있어. 하느님께서만 아실 테지. 나는 주님의 뜻에 따르도록 준비만 하고 있으면 되거든.

무슨 좋은 이야기가 있거든 좀 적어서 보내줘! 넌 건강 상태가 지금 어떤지 궁금해. 기도할 때 나를 솜 생삭해줘. 특히 영성체할 때 주님 안에서 더욱더 친한 친구가 될 수 있도록 기도해줘. 이 세상에서 우리의 우정을 오래오래 누리지 못한다면, 후세에 가서는 영원히 누리게 될 거야. 친구들에게도 안부 전해줘. 특히 무염시태 회원들에게 말이야. 하느님께서 너와 함께 계시기를 빌며……. 난 여전해.

           너의 벗, 요한 마샬라.

 도미니코는 편지를 받고 사랑하는 친구에게 회답을 보냈습니다.

 사랑하는 요한 마샬라에게!
 편지를 받고 너무 기뻤어. 난 너의 병이 꼭 곧 나으리라고 믿고 있어. 네가 떠난 후에 우리는 너를 위해서 어떤 기도문을 외우게 될지 잘 모르고 있었어. 네가 부탁한 것을 보냈으니 곧 받게 될거야. 너는 토마스 A. 켐피스의 '준주성범'을 아주 좋아하는구나. 정말 그 책은 좋은 책이야. 그런데 그 저자도 이제 죽은 옛날 사람인 것을 기억하자. 그도 별 수가 없었어. 너는 그 저자를 밖에서 찾아보도록 힘써야 될 줄로 알아. 그 책을 잘 읽어보고 읽은 바를 실천하도록 해봐.
 년 또 여기서 우리와 함께 기도하지 못하는 것을 퍽 안타깝게 여기는 모양인데 사실 그럴 거야. 나도 언젠가 집에 있게 되었을 때, 지금 네 말처럼 꼭 그랬으니까 말야.
 난 지금 매일 성체조배를 하고 있어. 어떤 친구를 끌어들여 착하게 만들기 위해서지. '준주성범' 외에 나는 '미사의 숨은 보배'라는 모리스 항구의 복자 레오나르도가 지은 책을 읽고 있어. 너도 한번 읽어봐.
 넌 병이 나아서 학원에 돌아오지는 못할 것 같다고 하는데, 사실은 말야 나도 몸이 점점 허약해져서 머지 않아 공부를 하지 못하게 될 것 같고, 내 생명도 다된 것만 같아. 그러니 자, 우리 서로 착한 죽음을 맞이하도록 서로 기도해 주기로 하자. 그리고 나하고 약속해. 우리 중에 누구든지 먼저 천국으로 가는 사람은 나중에 오는 사람을 위하여 자리를 마련해 두고 손을 내밀어 영원한 가정에 끌어올려 주기로 말야!

하느님께서는 우리를 당신의 은총 속에 지켜 주시고 성인이 되도록 도와주실 거야, 빨리 성인이 되도록. 왜냐하면 우리는 둘 다 시간이 얼마 남지 않은 사람들이니까. 이 기숙 학원에 있는 모든 친구들이 네가 빨리 병이 나아서 학원에 돌아오게 되기를 기다리고 있고 안부를 전해 달라는구나. 그럼 이만 줄일게…….

너의 벗, 도미니코 사비오.

요한 마샬라의 병은 처음에는 그다지 대수롭지 않아 보였습니다. 또 그는 몇 번이나 회복되곤 했습니다. 그러나 매번 병이 거듭해서 다시 앓게 될 때마다 몸이 점점 쇠약해짐을 느꼈습니다. 마침내 그는 아무 경고도 없이 죽음의 창가에 눕게 되었습니다.

"그는 우리 종교의 위안을 받을 수 있었다"고 그의 영적 지도자인 발프레 신부는 기록하셨습니다(역자 주; 임종 때에 병자의 성사나, 임종 전 대사를 받았다는 뜻). 그리고 이어서 "그는 의인의 착한 죽음을 하였다."고 했습니다.

도미니코는 벗의 죽음을 매우 슬퍼했고 비록 모든 것을 하느님의 섭리에 맡겼지만 그래도 며칠을 두고 그는 울었습니다. 그의 천사와 같은 순진한 얼굴이 눈물로 얼룩긴 것을 보기는 이번이 처음이었습니다. 그의 유일한 위로는 마샬라를 위해 기도하는 것과 남에게 그를 위해 기도해 달라고 청하는 것이었습니다. 그가 이렇게 중얼거리는 것을 들을 수도 있었습니다.
 "요한아, 너는 가비오하고 지금 천국에 같이 있겠지! 나는 언제 너희하고 같이 천국에 있게 될지 모르겠어. 너희들의 그 천국에 말이야."
 도미니코는 자기가 살아 있는 동안 기도 속에서 항상 요한 마샬라를 기억했습니다. 이는 살아 있을 때에 그처럼 자기에게 착하게 한 친구를 복사 때나 기도 때나 언제나 기억하기로 했었기 때문입니다.
 하여간 요한 마샬라의 죽음은 도미니코의 섬세한 마음속에 아주 큰 바람을 일으켜 놓았습니다. 그의 건강은 더욱 눈에 띄게 악화되어 가고 있었습니다.

20

특별한 은혜와 구체적 현실들

이점에 이르러서는 내가 그 전에 도미니코 사비오에 대해 썼던 것보다 별다른 것이 없습니다. 다만 그의 언제나 변함없는 품행과 태도, 순수한 생활로써 완덕을 위해 꾸준히 나아가던 일, 극기 및 여러 보속 행위, 그리고 열심히 기도하던 일 등, 하여간 그의 그 불타는 열심, 끓는 듯한 신덕, 흔들리지 않는 망덕, 뜨거운 애덕, 착한 일을 행함에 있어 그의 꾸준함 등은 그의 임종 때에 이르기까지 조금도 변함이 없었습니다.

이제 나는 그의 특별한 몇 가지 은혜, 특히 보통으로 흔히 볼 수 없는 특이한 은혜에 대하여 쓰려고 합니다. 물론 이런 글을 쓰면 비난을 받게 될 것도 모르는 바는 아닙니다. 그러나 내가 원하고 바라는 것은 독자들이 이것을 읽음으로써 도미니코에 대해서 성경이나 혹은 성인들의 전기에서 볼 수 있는 비슷한 이야기를 찾아 볼 수 있게 하기 위함입니다. 나는 내 눈으로 직접 보았던 사건들을 기록해 두었습니다. 나는 여러분들이 내가 감히 거짓을 말하리라고는 생각지 않을 것을 확신하고 있습니다. 하여간 지금부터 내가 하는 이야기를 듣고 어떻게 생각하든지 간에 그것은 여러분의 자유입니다.

꽤 여러번, 특히 밝은 대낮에 영성체를 할 때나 혹은 성체 앞에서 도미니코는 가끔 탈혼 상태에 들어갔었습니다. 그는 누군가가 부르

러 갈 때까지 성당 안에서 시간 가는 줄도 모르고 그저 한없이 남아 있곤 했었습니다.
 하루는 식사를 하는 것도 잊고 있었습니다. 도대체 도미니코가 어디로 갔는지, 어디서 무엇을 하는지 아무도 알 수가 없었습니다. 왜냐하면 그는 남들이 공부나, 일이나, 식사나 이런 것을 하고 있을 시간에 혼자 성당 안에 있었기 때문입니다. 그래서 모두 찾아다니게 되었는데 나의 짐작이 들어맞은 것이었습니다. 내가 성당에 들어가서 큰 제대 뒤에 있는 감실 앞에 가보았더니 도미니코는 탈혼 상태에 있는 것이었습니다.
 한쪽 발은 다른 쪽 발 위에 가 있고, 한쪽 손은 장궤틀 책꽂이를 짚고 다른 한쪽 손으로는 자기 가슴을 누르고 있었으며 얼굴과 눈은 감실을 향해 똑바로 바라보고만 있었습니다. 그의 입술 역시 조금도 움직이지 않고 있었습니다. 나는 도미니코를 불렀습니다. 그러나 대답은 없었습니다. 그래서 할 수 없이 가서 몸을 흔들었습니다. 그제야 그는 나를 돌아다 보고 놀란 듯이 묻는 것이었습니다.

"야아, 벌써 미사가 끝났습니까?"

"도미니코, 이것 좀 봐."

나는 시계를 그에게 보여주었습니다. 시계는 벌써 오후 2시였습니다. 그는 학교 규칙을 위반하게 된 것을 사과했으며 나는 그 말을 듣는 둥 마는 둥 그를 식당으로 보내면서 이렇게 일렀습니다.

"누가 만일 어디 있었느냐고 묻거든, 내가 무슨 일을 시켜서 심부름을 갔었다고 하여라."

그렇게 이야기해야만 그의 친구들로부터 곤란한 질문을 받지 않을 것이기 때문이었습니다.

또 한 번은, 내가 미사 후에 감사의 기도를 마치고 바로 제의방을 나오려고 하는데 감실 쪽에서 무슨 말소리가 들리는 것 같았습니다. 그래서 누군가 하고 가보았더니 도미니코가 무슨 말을 하고 나서 대답을 듣고는 또 말을 하고 있는 것이었습니다. 그래서 잠깐 귀를 기울여 보았더니 이런 말소리도 들렸습니다.

"네, 하느님. 이미 그것을 말씀드렸잖아요. 하느님, 저는 하느님이 아주 좋아요! 죽을 때까지 저를 다해 사랑할게요. 제가 무슨 죄를 짓게 될 것 같거든 차라리 먼저 죽게 해주세요. 죄를 짓는 것보다는 차라리 죽는 게 더 나아요!"

나는 어떤 때 기회가 있으면 그에게 그런 경우에 도대체 무엇을 하였느냐고 물었습니다. 그러면 그는 이렇게 말했습니다.

"참 저는 딱도 해요. 글쎄 분심이 들어서 하고 있던 기도문의 대목도 잊어 버리고 시간이 흘러가 버리는 가운데에 아름다운 것들을 보고 있었어요."

하루는 도미니코가 헬레벌떡 내 방으로 뛰어들어왔습니다.
"신부님, 빨리요, 빨리!"
"빨리 가세요! 저하고 저기 할 일이 좀 있어요."
"어디를?"
"한시가 급해요! 빨리 가야만 해요!"
그래도 나는 머뭇거렸습니다. 그런데 그가 하도 서두르는 바람에 나는 그만 가기로 하고 이것저것 필요한 것을 대충 꾸려 가지고 나왔습니다. 도미니코는 문을 나서더니 거리로 부지런히 걸어가서 다른 골목을 지나 세 번째 골목으로 접어들었습니다. 아무 말도 없이 그저 이골목 저골목으로 해서 따라갔습니다. 네 번째로 그는 다른 길거리로 접어들었습니다. 나는 그저 그 애의 뒤만 부지런히 따라갔습니다. 하여간 아무 말없이 그가 멈출 때까지 따라갈 뿐이었습니다. 그는 어떤 집에 이르러 그저 곧장 3층으로 올라가서는 초인종을 눌렀습니다. 그리고는 나에게 어느 집을 가리켜 주더니 다시 뛰어내려가 거리로 나갔습니다. 문이 열리자 한 부인이 나왔습니다.
"빨리 들어오세요, 신부님! 시간이 급해요!"
"제 남편은 개신교 신자였지만 이제 가톨릭 신자가 되어서 신부님께 병자성사를 받고 싶답니다."
나는 재빨리 그 병자의 침대 옆으로 갔습니다. 그 병자는 몹시 신음하고 있었고 죽기 전에 자기의 양심을 깨끗이 하고 싶어했습니다. 나는 그를 하느님과 화해시켰고 곧이어 성아오스딩회에서 한 분의 사제가 오셔서 병자의 성사를 주게 하였습니다.
며칠 후에 나는 도미니코에게 물었습니다.
"어떻게 그 사람이 죽어가고 있는 것을 알게 되었지?"

그랬더니 도미니코는 얼굴색이 좀 어두워지면서 울상이 되었습니다. 난 더 이상 묻지 않았습니다.

삶에 있어 그 천진난만한 순결과 천국에 대한 그의 열망 등은 그 영혼을 많이 성숙시켜서 그는 하느님의 현존 안에 파묻혀 살아갔다고 말할 수 있습니다.

때때로 그는 놀다가도 멍하니 먼 곳을 바라보면서 그냥 혼자 거닐기도 하였습니다. 그래서 왜 뛰놀지 않고 그렇게 하느냐고 물으면, 그는 이렇게 말했습니다.

"글쎄요, 분심이 또 들면서 저기 하늘이 열리는 것 같고 정신을 차릴 수가 없어요. 그곳에 있다가는 다른 아이들이 웃을 것 같고 해서……."

하루는 놀이 시간이었는데, 나는 여러 소년들에게 둘러싸여서 순결을 잃지 않은 자가 천국에서 어떠한 상급을 받게 되는지에 대해서 이야기하고 있었습니다.

"이렇게 아주 순결하고 무죄한 영혼은 하느님께 가장 가까운 자들이 됩니다. 그들은 하느님께 특별한 노래를 배워 부르게 됩니다!"

그런데 도미니코는 이야기를 듣고 그냥 정신이, 즉 영혼이 하느님께로 들어올림을 받아 즉시 정신을 잃고 말았습니다.

이같은 탈혼 상태는 그가 교실에서 공부하는 시간에도 가끔 있었습니다. 그리고 학교에 왔다갔다하는 도중에서도 일어났고 학교 안에서도 그랬습니다.

도미니코는 자주 교황 성하를 뵙고 싶어했고 자주 교황 성하에 대하여 이야기했으며 죽기 전에 꼭 한 번 뵙고 싶어하였습니다. 그래서 언젠가 한 번 또 이야기가 나왔을 때에 나는 그에게 물었습니다.

"만일 교황 성하를 뵙게 된다면 무슨 중요한 말씀을 드릴 것이 있느냐?"

"제가 만일 교황 성하를 뵈옵고, 허락을 받게 된다면, 저는 이런 말씀을 드리고 싶어요. 성하께서 아무리 많은 고통과 걱정 중에 계시더라도 그치지 말고 영국에 대한 특별한 관심을 기울이시기를 말이예요. 하느님께서는 거기서 가톨릭 교회의 대승리를 마련하고 계시니까요!"

나는 다시 그에게 물었습니다.

"넌 그것을 어떻게 아니?"

"제가 말씀드리죠. 신부님, 그렇지만 다른 사람에게는 말하지 마세요. 말하면 저를 놀릴 테니까요. 하여간 신부님께서 로마로 가시거든 이 이야기를 교황 성하께 말씀드려 주세요.

어느 날 아침이었어요. 제가 영성체 후 감사기도를 다 바치고 나니까 갑자기 또 제게 분심이 아주 거세게 일어났어요. 그런데 어떻게 된 것인지 제가 아주 넓은 벌판에 서 있었는데, 사람들이 아주 많이 모여서 꽉 차 있었고 안개 속에서 담요를 두르고 있었어요. 그리고 사람들은 모두 어둠 속에서 허둥지둥 헤매며 방황하고 있었어요. 그런데 어떤 이가 제게 '이것은 영국이다!' 이렇게 말하지 않겠어요? 그런데 지금 의문이 되는 것은 제가 사진에서 교황 비오 9세 성하를 뵈온 적이 있는지 잘 모르겠어요. 하여간 성하께서 아주 찬란한 옷을 입으시고 손에 활활 타오르는 횃불을 드시고는 그 무수한 군중 속을 성큼성큼 걸어가고 계셨어요. 그러자 그 안개가 모두 걷히면서 사람들은 무척 맑은 날씨를 만난 듯 밝은 데 있게 되었어요. 그때 누가 하는 말인지 들었는데, '이 횃불은 우리 가톨릭인데 영국을 비추게 될 것이다.'라고 하였어요."

나는 1858년 로마에 갔을 때, 도미니코의 이 말을 교황 비오 9세께 사실대로 말씀드렸으며 성하께서는 아주 주의 깊게 들으시고 퍽 기뻐하셨습니다.

"그 이야기는 영국을 위해서 계속 일하도록 나를 격려해주는구료. 이미 나는 영국에 대하여 아주 큰 관심을 기울여왔고, 지금도 기울이고 있소. 이야기가 그렇다면 어느 착한 영혼의 한 권고로 알겠소."

나는 이상과 비슷한 여러 이야기들을 여기서 생략하겠습니다. 그러나 다만 여기서 그 생략하는 다른 것들도 기록해 두었다가, 앞으로 도미니코의 영광이 더 빛날 때, 다른 이들을 위해서 출판할 때에 싣기로 하겠습니다.

21

밤이 되면

지금까지 내가 쓴 것을 읽은 이들은 도미니코의 일생이 줄곧 죽음을 준비하는 생활이었음을 알 수 있을 것입니다. 하여간 도미니코 자신도, 성모 무염시태회 회원들도 임종 때에 성모님의 보호를 가장 잘 받으리라고 생각하였습니다. 사실 우리가 아는 바와 같이 도미니코에게는 시간이 별로 없었습니다.

그가 자기의 죽음에 대하여 하느님께로부터 남이 모르는 어떤 계시를 받았는지, 혹은 미리 그 임종 환경에 대한 무슨 알림을 받았는지, 또는 다만 자신만이 무엇을 느끼고 있었는지에 대해서는 나도 잘 모릅니다. 내가 알고 있는 것은 다만, 그가 죽기 아주 오래 전부터 자기의 죽음에 대하여 가끔 말했다는 사실이고 자기의 죽음이 곧 닥칠 줄을 미리 내다보고 있었다는 것입니다.

도미니코는 그의 허약한 건강 때문에 공부나 기도 등에 있어서의 일반 규칙에서 면제되어 있었습니다. 이것은 확실히 영혼에 긴장을 가져오기도 하였습니다. 그는 매일 점점 허약해 가기만 했습니다. 이 사실을 알고 그는 가끔 이렇게 말하였습니다.

"나의 건강이 이렇듯 나쁘니, 나는 밤이 오기 전에 빨리 서둘러야 해."

한마디로 이것은, 그의 남은 일생이 짧다는 뜻이요, 또 죽음이 다가오기 전에 해야 할 선행이 많다는 뜻이었습니다.

　우리 기숙 학원의 학생들은 매월, "착한 죽음 연습"을 하였습니다. 그것은 곧, '죽음이 지금 닥쳐온다면!' 하고 생각하면서, 고해와 영성체를 일생의 마지막이라고 믿고 하는 것입니다. 교황 비오 9세께서는 많은 대사를 주셔서 이 신심에 관한 일을 권장하셨습니다. 도미니코는 항상 온 정성을 다 들여서 이 일을 매월 행하였습니다. 그 기도 끝에, "우리 중에 먼저 죽을 자를 위하여 기도하나이다." 하고 주의 기도, 성모송, 영광송을 외우게 되는데 하루는 도미니코가 농담 삼아 이런 말을 하였습니다.
　"'우리 중에 먼저 죽을 자를 위해서'라고 할 것이 아니라, 차라리 '도미니코를 위해서'라고 해줘."
　그는 이 말을 꽤 여러 번 하였습니다.
　1856년 4월 말경 그는 내게 이렇게 물었습니다.
　"오는 5월 성모성월에 성모님을 위해서 무엇을 해드려야 하겠습니까?" 하고.

"네가 해야 할 일을 정성들여 잘 하고 친구들과 성모님께 대한 이야기를 늘 하고, 매일 영성체하도록 착하게 행동하면 된다. 이것이 바로 성모님을 공경하는 것이지."

"그대로 그것을 하겠습니다. 신부님, 그런데 성모님께 무슨 은혜를 달라고 청할까요?"

"네게 건강을 주시고 또 성인이 되게 해달라고 하여라."

그랬더니 그는 또 이렇게 대답하였습니다.

"성인이 되게 해달라고 청하겠습니다. 그리고 은총 속에 죽게 해달라고도 청하고, 또 마지막 순간에 성모님께서 도와주시어 저를 천국으로 데려다 주시기를 청하겠습니다."

그는 성모성월에 이렇게 열심했으며, 소년이라기보다 차라리 천사 같이 보였습니다. 그가 한 말과 행동은 모두 성모님을 위한 것이었습니다. 공부를 하거나 노래를 하거나 학교에 가거나 다 성모님을 위하여 행동하고 말했습니다. 매일 친구들에게 성모님께 대한 이야기를 꼭 하였습니다.

하루는 어떤 아이가 물었습니다.

"올해에 이렇게 많은 이야기나 일을 해버리면, 내년에는 무엇을 할래? 이야기거리도 다 떨어질텐데!"

도미니코는 웃으며 대답하였습니다.

"얘, 그런 걱정은 하지 말아라. 내년까지 살게 된다면, 내년에 할 것이 또 있으니까, 네게 이야기를 해줄게!"

몇 가지 효과적인 치료를 해보기 위해서 나는 몇몇 의사들을 불렀습니다. 그런데 여러 의사들은 모두 이 도미니코의 그 명랑함과 쾌활함에 놀랐습니다. 특히 가끔 재치있는 말씨와 아주 민첩한 대답을 듣고는 말루아리 의사는 이렇게 칭찬했습니다.

"아이구, 여기 아주 훌륭한 소년이 있군! 정말 좋은 어린이로군."

"그런데 왜 저 아이가 날이 갈수록 점점 말라만 가고 몸이 더 약해집니까?"

내가 묻자 줄곧 놀라움으로 대답했습니다.

"그의 신체적 구조는 날 때부터 매우 허약한데, 그의 정신은 너무 발달되었고 더구나 계속해서 정신적 시련을 받고 있군요. 이런 정신적 노력이 그의 건강을 송두리째 삼켜버리고 있는 셈이지요!"

"그럼 의사 선생님, 우리가 지금 무슨 방법을 써야 되겠습니까?"

"가장 좋은 치료방법은 어서 빨리 이 아이를 천국으로 보내는 수밖에 없습니다. 그 이유는 그애 자신이 그렇게 잘 준비하고 있는 것 같으니까요! 하여간 이 아이의 생명을 조금이라도 더 연장시켜, 조금이라도 더 오래 살게 하려면 공부를 중지시키고 한동안 쉬게 하는 것입니다. 그리고 피곤하지 않을 만큼의 적은 신체적 일을 운동삼아 시키면 좋겠습니다."

22

기숙 학원에서의 마지막 날들

　도미니코의 병은 늘 누워 있을 병은 아니었습니다. 즉 뚜렷하거나 심하게 앓는 병이 아니었기 때문에 그는 학교에도 가고 자습실에도 가고 가끔 사소한 작은 일도 거들었습니다. 그가 가장 좋아하는 일 중에 한가지는 병실에서 아픈 소년들을 돌보아 주는 일이었습니다. 그는 항상 이런 말을 하곤 했습니다.
　"이런 일을 해도 하느님 대전에서 상을 받지는 못할 거야. 내가 좋아하는 일이니까. 싫어하는 일을 해야 공로가 될텐데······."
　또 그는 아픈 소년들을 보살펴 주면서도 몇 마디의 말로써 영혼에 관한 이야기를 생각하게 해주었습니다. 이를테면, 짜증내는 아이에게는 이런 식으로 말입니다.
　"뭘 그래. 넌 신체를 가지고 영원히 살 걸로 생각해? 언젠가 한 번은 다 벗어 놓고 하느님 앞에 가게 될 텐데 뭐. 이제 거기 가면 영원한 행복 속에서 괴로움 없이 살게 될 거야."
　한 번은 어떤 아이가 쓴 약이 싫어서 안 먹겠다고 발버둥질쳤습니다. 그러자 도미니코는 그에게 이런 말을 해주었습니다.
　"얘! 우리의 건강을 위하여 이 약을 보내시는 하느님께 순종하기 위해서라도 먹어야지! 만일 입에 몹시 쓰다면 공로가 더 많아지지 않겠니? 영혼에 더 유익이 되고, 그리스도께서 십자가 위에서 마셨던 것은 뭐 어디 단 것이었니? 아주 쓴 쓸개즙이었잖아?"

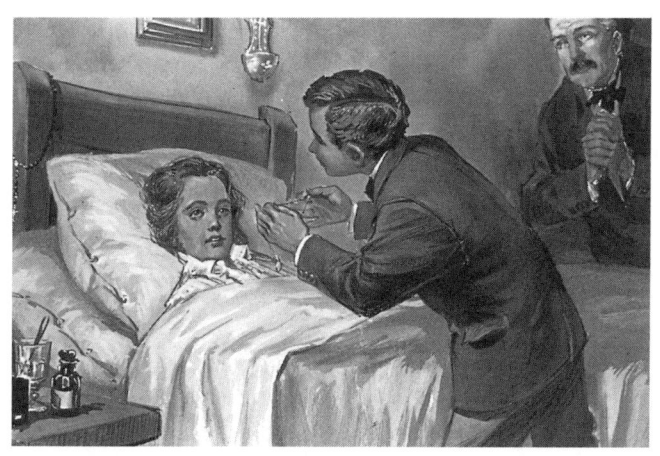

　도미니코의 온유한 어조의 이러한 말은 거의 성공적인 결과를 내는 것이었습니다.
　그의 건강은 날이 갈수록 나빠져만 갔지만, 고향의 집으로 돌아가려 하지는 않았습니다. 그 이유는, 집에 간다는 것은 흔히 공부도 중단해야 하고 믿음에 관한 활동도 잘 못하게 된다는 것을 의미하기 때문이었습니다.
　몇 달 전에 내가 도미니코를 고향의 부모님 계신 집으로 보냈는데, 그는 불과 며칠 되지도 않아서 다시 돌아왔었습니다. 나는 곧 돌아온 그를 다시 맞아 들일 수 없었습니다. 그것은, 그를 집으로 돌려 보내면서 내 마음이 아주 슬펐었고, 사실상 나는 아버지가 자기의 아들을 사랑하듯 그를 몹시 사랑하고 있었기 때문입니다. 그러나 의사들은, 그가 다시 집에 가서 쉬어야 한다고 권고하였으므로, 나는 의사 선생님들의 말에 따르기로 작정하고, 또 사실상 그가 아주 여러 날 계속되는 백일기침의 감기에 걸려 있었으므로 그를 다시 집으로 돌려보내기로 결심하였습니다.

그래서 나는 도미니코의 아버지에게 통지하여, 1857년 3월 1일 도미니코를 우리 기숙 학원에서 집으로 돌려보내기로 결정하였습니다. 도미니코는 어른들의 결정에 순종하였으나 이는 그에게 아주 커다란 희생이었습니다.

그에게 물어 보았습니다.

"집에 가게 되는 것이 그렇게 싫으냐? 부모님께 가니까 기뻐해야지!"

"저는 이 기숙 학원에서 평생 동안 살고 싶었어요. 여기서 죽고 싶었어요!"

"지금은 얼마 동안 집에 가서 쉬고 있다가 몸이 좀 건강해지면 다시 우리 학원에 돌아오면 되잖아?"

"아니예요, 신부님. 저는 집에 가면 절대로 다시 돌아오지 못할 거예요."

그가 우리 기숙 학원을 떠나기 전날 밤, 그는 내가 주는 선물도 싫다고 하면서 이것저것을 물어볼 것만 찾고 있었습니다.

"아픈 소년으로서 하느님 대전에서 공로를 세우려면 무엇을 해야 할까요, 신부님?"

"네가 당하는 아픔과 모든 고통을 하느님께 바치면 돼."

"그 다음에는요?"

"그 다음에는 네 생명도 바치고!"

"저의 모든 죄는 다 용서를 받았을까요, 신부님?"

"그래, 하느님의 이름으로 내가 확실히 말한다! 네 모든 죄는 용서를 받았어!"

"저는 이대로 있다가 죽어도 영혼이 구원될까요, 신부님?"

"하느님의 은총을 잃지 않고 항상 간직하면 물론이지!"

"마귀가 저에게 와서 유혹하면 저는 무엇이라고 대답해야 하나요?"

"마귀에게 이렇게 말해라. '너는 나의 영혼을 예수님께 일단 팔아버렸으면 그만 아니냐? 예수께서 당신의 보혈로 내 영혼을 사가셨다!' 만일 그래도 자꾸 유혹하거든 마귀에게 '네가 도대체 내 영혼을 위하여 무엇을 했는지 말해봐라. 예수께서는 내 영혼을 죄에서 건지시고 천국으로 데려가시기 위하여 십자가에 못박혀 죽으셨지만, 넌 무엇을 했니? 대답해봐라!' 이렇게 말하거라."

"신부님, 천국에 가서도 부모님과 학교 친구들을 만나볼 수가 있을까요?"

"물론이지. 천국에 가면 우리 이 학원도, 네 부모님도, 네 친구들도 다 볼 수가 있고 또 이 세상의 부모, 친구들에게 대한 모든 일도 다 잘 알게 되지! 그뿐 아니라 아주 훌륭하고 기묘한 많은 사실을 보게 될 것이다."

"신부님, 그럼 천국에 갔다가도 가끔 이세상에 누구를 만나보러 올 수가 있을까요?"

"만일 하느님의 영광을 위해서라면 될 수 있는 일이겠지."

도미니코는 그날 밤 이런 종류의 많은 질문을 나에게 하였습니다. 그래서 이렇게 생각할 수가 있습니다. 즉, 도미니코는 한 발은 천국에 들여 놓고 남은 한 발을 들여 놓기 전에 궁금증을 다 풀고 나서야 비로소 천국으로 들어갔다고 할 수도 있습니다.

23

도미니코가 기숙 학원을 떠나던 날

그가 떠나는 날 아침에 그는 다른 소년들과 마찬가지로 월례 선종 연습을 하였습니다. 그는 보통 때와 같이 열심한 준비로 고해와 영성체를 정성껏 하였습니다.

"난 이번 선종 연습을 특별히 잘 해야겠어. 죽음을 위한 진짜 준비가 될지도 모르니까. 만일 고향에 가는 길에 죽게 될지도 모르니 적어도 이번 영성체는 잘 해야겠어."

이렇게 그는 속으로 다짐했을 것입니다.

아침식사 후에 짐을 꾸렸습니다. 영원히 다시 만나지 못할 것으로 생각하면서 필요없을 것 같은 것들은 버리고 짐을 꾸렸습니다. 그 다음 그는 친구들을 하나하나 모두 만나 짤막한 권고를 하였습니다. 어떤 친구에게는 가지고 있는 결점이나 나쁜 버릇을 고치라고 하고 어떤 소년은 격려도 해주며 인사를 했습니다. 또 어떤 아이에게는 전에 빌린 아주 작은 것까지도 돌려 주었습니다.

"자 이것도 받아. 네 것이었으니까. 그래야 천당에 갈 때 가볍고 하느님 앞에서 계산할 때 좋지."

그는 성모 무염시태회 회원들에게도 작별 인사를 하였습니다. 그리고 성모님께 드린 약속을 충실히 지킬 것과 성모님을 한없이 신뢰하도록 당부하는 것이었습니다.

떠나기 전에 마지막으로 나한테 와서 그는 이런 말을 아주 똑똑하

게 하였습니다.
"신부님께서 극도로 쇠약하게 된 저를 원하지 않으시니, 이제 이 육신을 다시 몬도니오로 끌고 가야겠습니다. 하지만 신부님께 짐이 된 것도 며칠뿐이었을 것입니다. 하여간 모든 것이 잠깐이예요. 다 지나가 버리니까요. 어쨌든 하느님의 뜻대로 다 되겠지요. 신부님, 로마에 가시거든, 언젠가 제가 드렸던 말씀을 잊지 마시고 성하께 말씀드려 주세요. 그리고 저를 위해서 착하게 죽음을 맞이하도록 기도해 주세요. 그럼 천당에서 다시 만나 뵙겠습니다!"
이렇게 말하면서 벌써 우리는 교문에까지 왔고 문은 열려 있어 갈 길이 훤히 보였지만, 도미니코는 아직도 나에게 매달려 있었습니다. 도미니코는 다시 친구들에게 돌아서서 말했습니다.
"잘들 있어! 날 위해 기도해줘! 우리 모두 하느님과 함께 영원히 살 그곳에서 다시 만나자!"

문 밖으로 걸어 나가면서 우리는 이야기를 했습니다.
"신부님을 기억할 수 있는 무엇을 기념으로 하나 주세요."
"그래. 그런데 무슨 선물을 받고 싶으냐? 책을 주면 어떨까?"
"아니, 신부님. 좀더 좋은 것으로 주세요."
"길 가는데 여비로 돈을 좀 줄까?"
"예, 여비 좀 주세요. 영원한 세상까지 갈 여비요. 언젠가 신부님께서 말씀하시기를, 성하께서 신부님께 임종 전대사를 주실 권한을 주셨다고 하셨잖아요? 저도 그 전대사를 받을 수 있을까요?"
"아! 물론이지. 참 잘 생각했다. 그럼 네 이름도 그 전대사를 받은 자 명부에 적어 놓으마!"

그리고 도미니코는 떠났습니다. 약 3년간 소년들과 웃어른들에게 삶에 본보기가 되는 많은 유익을 남기고 한번 가서는 다시는 돌아오지 못했습니다.

우리는 모두 작별 인사를 하게 될 때, 모두 놀라지 않을 수가 없었습니다. 그가 시름시름 앓는 것은 알고 있었으나 침대에도 잘 눕지 않았던 그였기에 갑자기 병으로 해서 고향으로 돌아간다는 것에 모두 놀라지 않을 수 없었습니다. 더욱이 그는 항상 명랑하고 쾌활했으므로 그가 머리를 아파하며 앓고 있었다고는 우리는 믿지 않았고, 그래서 집에는 가지만 곧 병이 나아 몸이 건강해지면 다시 돌아오리라고 믿고 있었습니다.

그러나 사실은 그렇지 않았습니다. 실상 그는 천당길을 떠난 것이었고, 천당을 가기 위해서 예비했던 것입니다. 비록 그는 짧은 생애를 살았지만 오래 산 것보다 적지 않은 많은 공로를 쌓은 것입니다. 하느님께서는 그를 꽃피는 소년기에 부르셨고 많은 영혼들이 멸망하는 그 여러 위험에서 미리 그를 건져 주신 것이었습니다.

24

세상은 싸움에서 졌다

 도미니코는 3월 1일 낮 오후 2시에 아버지와 함께 우리 기숙학원을 떠났습니다. 그는 고향길로 가는 이 여행을 아주 즐거워했습니다. 실상 마을을 지나고 읍내를 지나고 시골길로 해서 부모가 사시는 집에 간다는 것은 그에게 정말 즐거운 일이었을 것입니다. 그는 무척 즐거운 여행을 해서인지 자기 집에 돌아가서 처음에 나흘 동안은 침대에 눕지도 않았다고 합니다. 그런데 차츰 식욕을 잃게 되고 기침이 심해져서 의사를 부르게 되었습니다. 의사의 진찰 결과, 겉으로 보기보다는 병 증세가 매우 심하다는 것이었습니다. 그래서 의사는 도미니코가 아무것도 하지 말고 누워 있어야 하며, 열이 심한 탓으로 증세가 더욱 좋지 않다고 생각되었으므로 피를 좀 빼야 한다고 했습니다. 대개의 아이들은 피를 빼는 것을 아주 무서워하기 마련입니다. 그래서 의사는 도미니코를 보고 다른 곳을 쳐다보고 있으라고 하였으나 도미니코는 웃으면서 아무렇지도 않은 듯했습니다.
 "예수님은 십자가 위에서 손과 발을 뚫리셨는데, 이까짓 것쯤은 아무것도 아닙니다."
 도미니코는 자기 혈관이 찢기어 피가 흘러나오는 것을 침착하게 바라보았습니다. 피를 좀 뺀 후에 도미니코는 좀 회복되는 것처럼 보였습니다(이것은 다 의사가 한 말입니다). 그의 부모도 그렇게 여기

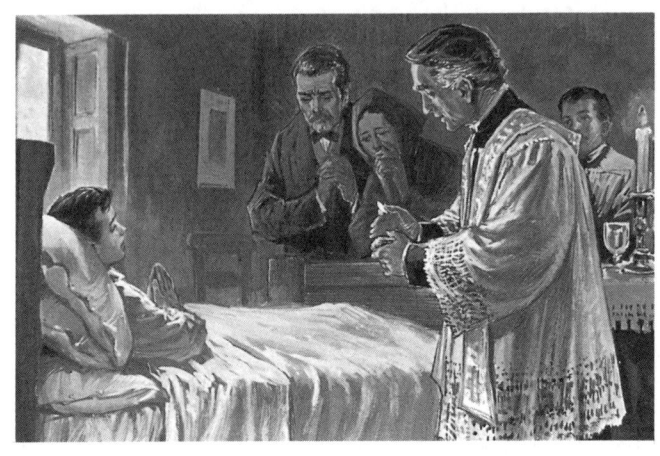

고, 그렇게 말했습니다. 하여간 의사와 부모는 좀 나아졌다고 믿었으나, 도미니코 자신은 다르게 생각하는 것이었습니다. 그는 병자성사를 너무 늦게 받거나 아예 받지 못하는 것보다는 차라리 일찍 받는 편이 훨씬 낫다고 생각했기 때문에 그의 아버지에게 이렇게 말씀드렸습니다.

"아버지, 이제 하느님의 의사를 불러주세요. 저는 고해와 영성체를 하고 싶어요!"

그들은 모두 도미니코의 병세가 나아졌다고 믿고 있었는데 이 말에 그의 아버지와 어머니는 또 다시 걱정하지 않을 수 없었습니다. 그러나 아들의 소원이므로 부모는 본당신부를 불렀고, 또 본당신부는 즉시 와 고해성사를 주었습니다. 그 다음 그를 편히 쉬게 했고, 노자성체를 모셔왔습니다. 우리는 그가 얼마나 정성되게 이 세상에서 마지막 영성체를 하게 되었을지 가히 상상할 수가 있을 것입니다

다. 그는 평상시에도 성알로이시오와 같이 열심히 영성체를 했었습니다. 그는 이제 이것이 마지막 영성체라는 것을 확신했을 것이고 그의 그 천진 난만하고 순결 무구한 영혼은 지극히 사랑하는 예수를 정성과 애정을 다하여, 온 마음으로 영했을 것입니다.

그는 첫영성체 때에 그가 세웠던 결심을 되풀이했으며, 때때로 이렇게 부르짖기도 했습니다.

"예수, 마리아, 주, 성모님은 참으로 저의 친구이십니다. 거듭거듭 이것을 말씀드리오니, 죄보다는 차라리 죽음을 주소서!"

노자성체를 영한 후 도미니코는 조용히 쉬었습니다.

"이제 저는 아주 행복해요. 이제 영원한 저세상에까지 여행을 해야 하는, 친구이신 예수님이 같이 계시니까 두렵지 않아요. 누구든지 예수님하고만 함께 있으면 아무것도 무서운 것이 없고 죽음도 무섭지 않다고 모든 사람에게 일러 주세요!"

특히 그 여러 어려움을 견디어 내는 데 있어서 그의 인내는 일생을 통하여 아주 특출하게 뛰어났으며 지금 임종에 당하여서도 모범적인 거룩한 표양을 보여 주었습니다. 더구나 임종 전의 질병 고통 속에서 그 성스러움은 실로 모범적인 것이었습니다.

그는 평상시의 생활에 있어서 남이 도와주는 것을 원하지 않았습니다. 그리고 부모님을 생각하며 안타깝게 생각했습니다.

"부모님께 최선을 다하여 걱정을 좀 덜 끼쳐드려야 할 텐데 어쩌지……. 이미 나를 위해서 많은 고생을 하셨으니, 이제 이 은공을 갚아드려야 할텐데!"

도미니코는, 아무리 쓴 약이라도 전혀 짜증을 내시 않고 정성껏 먹었습니다. 열 번이나 피를 빼내었어도 그는 한마디의 불평도 하지 않았습니다.

나흘이 지난 후 의사는 부모에게 아주 만족해 하면서 말하였습니다.

"자 이제 하느님께 감사드립시다. 이제 위험은 모두 지나갔습니다. 병은 나았으니, 이제 푹 쉬게만 해주면 됩니다. 조심해서 간호만 잘 해주시면 됩니다."

부모는 의사의 말에 기뻐 어쩔 줄을 몰랐습니다. 그런데 도미니코는 단지 미소를 짓고 조용히 말할 따름이었습니다.

"세상은 이제 졌어요. 저는 용모를 단정히 해가지고 하느님 앞에만 가면 되어요!"

의사가 떠난 후에, 그 낙관적인 병세 판단의 말에는 아랑곳 하지 않고 도미니코는 병자성사를 받겠다는 것이었습니다. 그의 부모는 다만 도미니코가 하고 싶다는 대로 해주고만 싶었습니다. 그 이유는 부모님이나 본당신부나 모두 그가 갑자기 죽게 될 것이라는 위험은 그 당시 예측할 수 없었기 때문이었습니다.

도미니코는 아주 행복해 보였고 편안한 것 같았으며 즐겁게 이야기도 하곤 하였으니, 그렇게 본 것도 무리는 아니었습니다. 그래서 의사나 그의 부모, 본당신부는 그의 병세가 나아가고 있다고 확신하고 있었습니다. 다만 도미니코는 그의 믿음 덕택이었는지 혹은 그의 심중에 울리는 하느님의 목소리 때문이었는지, 여하튼 하느님 대전에 나아갈 준비를 함에 있어 날짜나 시간까지 아주 수학적인 계산이나 한 것처럼 착착 준비하고 있었습니다. 그는 사제가 몸에 기름을 바를 때에 이렇게 기도하였습니다.

"나의 하느님이여, 내 죄를 용서하소서. 나는 당신을 사랑하오며 영원히 사랑하기를 원하옵니다. 당신이 받게 하시는 이 성사가 내가 보고 듣고 말하고 만지고 걸어다님으로써 범한 모든 죄를 사하게 하소서. 나의 몸과 영혼이 온전히 당신의 수난으로 인하여 거룩해지게 하소서. 아멘."

그는 사제의 기도에 이렇게 큰 소리로 응답하였으며, 그동안 완전히 건강해 보이는 아주 맑은 정신으로 응하였습니다.

그가 마지막으로 병을 앓은 날은 3월 9일이었는데, 심해진 후로부터 나흘째 되는 날이었습니다. 그는 무려 열 번에 걸쳐 출혈을 치렀기 때문에 너무나 허약하고 쇠진해 있어 교황 강복까지 받았습니다. 그는 스스로 통회하는 기도문을 염했으며, 사제의 기도문에 응답하였습니다.

도미니코는 교황 강복과 임종 전대사를 받아 아주 행복한 얼굴로 "데오 그라시아스(하느님께 감사하나이다)"를 되뇌였습니다. 그 다음에 십자가상에로 돌아서서 그가 흔히 바치던 기도문을 입속말로 외웠습니다.

"주여, 나의 자유 의지를 가지소서! 나는 이것을 당신께 드립니다! 내 몸과 모든 능력은 다 당신의 것이옵니다. 내가 가지고 있는 모든 것은 다 당신이 주신 것이옵니다. 이제 당신 뜻에 굽히나이다!"

25

아름다운 환상

 우리의 신앙은, 우리가 죽을 때에 일생의 품행에 대한 열매를 거두게 된다고 우리에게 말해 주고 있습니다. 즉 누구든지 자기가 뿌린 씨의 열매를 거두게 된다는 것입니다. 그러므로 누가 만일 착한 행실의 씨앗을 뿌렸다면 임종 때부터 벌써 위로의 열매를 맛보게 되는 것입니다. 그럼에도 불구하고 흔히 대부분의 영혼들, 더욱이 거룩하다고 하는 영혼들까지도 죽음에 임박해서는 두려움에 어쩔 줄을 모르게 되기가 일쑤입니다. 하느님께서는 그런 시련을 허락하시어 영혼들을 사소한 더러움에서까지라도 정화하고자 하시며, 이런 시련을 극복함으로써 그들은 천국에서 더욱 빛나는 면류관을 영광스럽게 얻게 되는 것입니다.
 그런데 도미니코의 경우에 있어서는 좀 다르다고 할 수 있습니다. 나는 하느님께서 당신을 따르는 영혼들에게 천당 영광을 받기에 앞서 그보다 더 큰 영광을 받으리라 하신 이 약속을 그에게 주셨다고 믿습니다. 실로 도미니코의 무죄한 순결은 죽을 때까지 지켜졌으며 그의 생활, 즉 열심한 신앙과 언제나 변함없는 기도, 오랜 몸의 괴롭힘을 받는 극기의 보속과 고생스러운 생애는 확실히 죽음이 다가올 때에 그에게 위안을 주었던 것입니다. 그래서 그는 자기에게 닥쳐오는 죽음을 순결 무구한 영혼의 평화로움 속에서 지켜보며 기다리고 있을 따름이었습니다. 또한 그의 육신은 흔히 죽음을 맞이

할 때에, 즉 영혼과 육신이 서로 분리될 때 받게 되는 단말마의 고통도 느끼지 않은 것처럼 보입니다. 도미니코의 죽음은, 죽어가고 있었다기보다는 차라리 잠들어가고 있었다고 말함이 옳을 것입니다.

그가 선종한 것은 1857년 3월 9일이었습니다. 그는 이미 우리 교회의 위안을 다 받았었습니다. 그가 하는 말소리와 그의 평화스러운 용모를 보고 들은 사람은 모두 그가 죽었다기보다 쉬고 있었다고 하였을 것입니다. 그는 아주 평화로웠고 행복해 보였습니다. 그의 눈은 빛나고 맑았으며, 그는 모든 것을 다 의식하고 있었습니다. 아주 정신이 맑았습니다. 그 자신 외에는 아무도 그가 죽음에 아주 가까이 가고 있다는 사실을 상상도 못했었습니다. 약 한 시간 반 전에 본당신부가 그를 보러 왔었습니다. 그리고 본당신부는 도미니코가 그처럼 열심히 자기 자신을 하느님께 바치고 있다는 사실에

깜짝 놀랐습니다. 도미니코는 긴 숨을 들여 마시면서도 여전히 화살 기도를 하고 있었습니다. 모두들 주위에서 그가 영원한 세상으로 얼마나 가고 싶어 하는지를 잘 볼 수 있었습니다. 본당신부는, '이런 열심한 아이에게 도대체 내가 무슨 말로 임종을 잘 준비하라고 더 말할 수가 있을까?' 하고 자문하였습니다.

그래서 본당신부는 도미니코와 함께 몇 가지의 기도문을 바친 후, 곧 돌아서서 나오려 했습니다. 그런데 도미니코가 이렇게 묻는 것이었습니다.

"신부님, 가시기 전에 저에게 기념으로 주실 것이 뭐 없습니까?"
"글쎄, 내가 무엇을 기념으로 네게 줄 수 있겠니?"
"제게 무슨 위로가 될 만한 것을……, 그리스도의 수난 외에는 뭐 다른 할 말이 없구나!"

본당신부의 말에 도미니코는 다음과 같이 기도하였습니다.

"감사합니다. 신부님, 그리스도의 수난은 항상 제 정신 안에, 제 입술에, 그리고 제 마음속에 있을 것입니다. 예수, 마리아, 요셉이여, 임종의 고통속에서 나를 도와주소서! 예수, 마리아, 요셉이여, 당신들의 그 평화로움 속에 내가 마지막 숨을 쉬고 영혼을 바치게 하옵소서!"

이렇게 기도를 마치고 그는 깊은 잠 속에 빠졌다가, 약 한 시간 반 정도 후에 깨어났습니다. 그는 눈을 뜨고 부모님을 바라보더니 숨을 크게 쉬고 헐떡이면서 말했습니다.

"아버지, 이제 시간이 되었어요!"
"얘, 나 여기 있다. 어떻게 해주면 좋겠니?"
"아버지 이제 시간이 되었어요! 저기 제 기도책을 집어서 선종경을 읽어 주세요!"

그는 아버지께 그의 마지막 부탁을 하였습니다.
어머니는 흐느끼기 시작했고 방을 나와 버렸습니다. 그의 아버지의 마음은 찢어지는 듯했고, 목소리는 눈물에 섞여 있었습니다. 그러나 눈물을 억누르며 읽어 나갔습니다. 도미니코는 아주 똑똑하면서도 맑게 기도문에 응해 나갔습니다. 아버지가 계를 읽고 나면 도미니코는 다음과 같이 응했습니다.
"인자하신 예수여, 나를 불쌍히 여기소서!"
"드디어 내 영혼이 당신 면전에 나아가게 될 때, 당신의 그 엄위한 광채 앞에 나아가게 될 때, 나를 물리치지 마옵시고 나를 당신 자비의 사랑스러운 품속에 받아주사, 나로 하여금 영원히 당신을 찬미하게 하소서……."
그의 아버지가 읽다가 이 대목에 이르렀을 때 도미니코는 갑자기 온 힘을 내듯 소리를 내어 말했습니다.
"예, 바로 그것이 제가 원하고 바라는 것이예요! 아버지, 하느님께 영원한 찬미가를 불러드리는 것 말이예요!"
잠시 후에 도미니코는 또다시 쉬는 것 같았습니다. 마치 사람들이 무슨 중대한 결정을 내리기 전 깊은 생각 속에 빠져 푹 쉬는 것같이 보였습니다. 그 다음 그는 아주 천천히 그러나 똑똑하면서도 맑은 목소리로 이야기했습니다.
"안녕히 계셔요, 아버지. 안녕히……. 본당신부님이 저한테 무슨 말씀을 하셨는데 무엇인지 잘 생각이 나지 않아요……. 아! …… 저것 좀 봐요. 아! 아름다워라! 아름다워라!……."
이 마지막 말소리와 함께 그 전상의 웃음을 입술에 머금은 채로 마지막 숨을 내쉬었습니다. 그의 양손은 가슴 위에 십자형으로 놓여 있었고, 아주 조금도 움직이지 않고 그대로 있었습니다.

"가거라. 충실한 영혼아! 천국은 네게 문을 열어주고 천사들과 성인들이 너를 위해 큰 잔치를 준비하였도다! 네가 그처럼 사랑하던 예수께서는 너를 초대하시고 너를 부르신다!"

"오라! 착하고 충실한 종아. 너는 참으로 잘 싸웠구나! 너는 네 월계관을 얻었구나! 이제 영원히 잃지 않을 네 행복을 마음껏 누리고 외쳐라!"

"주의 즐거움에 들어오라!"

26

기숙 학원의 슬픔

 도미니코의 아버지는 도미니코가 이렇게 외친 다음에 다시 베개를 베고 드러누웠으므로, 다시 또 잠을 자기 시작한 줄로만 알았지, 그가 죽은 것이라고는 생각지 않았습니다. 그가 도미니코를 깨우려고 흔들어 본 후에야 비로소 아들이 자는 것이 아니고 죽은 것이라는 것을 알게 되었습니다. 우리는 그의 아버지가 얼마나 슬퍼하였는지, 얼마나 마음 아파했을지 상상할 수 있습니다. 그처럼 순결하고 열심이며 정성스럽고, 온유하며 더없이 사랑스러웠던 귀염둥이 아들이 죽었으니 얼마나 슬펐겠습니까?
 기숙 학원에 있던 우리는 우리의 친구인 그에게서 무슨 소식이라도 있기를 기다렸습니다. 그때 마침 그의 아버지한테서 편지가 왔습니다.
 "나는 지난 밤(3월 9일) 눈물 속에서 내 아들이요, 여러분의 제자이며, 순결한 백합이고, 제2의 성알로시오인 도미니코가 자기 영혼을 주님께 바쳤음을 알려 드립니다. 그는 성사를 다받고 교황 강복도 받은 후에 영혼을 하느님께 드렸습니다."
 학생들은 모두 가슴이 뭉클했습니다. 우리 덕행의 모범이며, 우리의 착한 친구이며 충고자였던 그를 잃었으므로 애끓히 슬퍼했습니다. 어떤 아이들은 단체로 그의 영혼을 위하여 기도를 했습니다. 그러나 대부분의 아이들은 다음과 같이 말했습니다.

"그 애는 성인이었는데 뭐, 지금은 천당에 가 있을 것이 틀림없어."

어떤 아이들은 그 애가 하느님의 집에서 자기의 주보성인이 되어 달라고 기도를 바치기도 했습니다. 누구나 다 기념으로 간직하기 위해서 도미니코의 어떤 사소한 물건이라도 가지고 싶어했습니다.

릭코 신부는 그의 라틴어 선생님이었는데, 이 소식을 듣고 몹시 슬퍼했습니다. 그는 그날 수업을 시작하기 전에 학생들에게 도미니코의 죽음을 알려 주었습니다.

"약 2년 전에 어린 소년들을 위하여 매우 특출한 생활을 하고 바로 이 교실 안에서 여러분과 함께 공부하던 친구가 하느님께로 갔다고 나는 얼마 전에 말했습니다. 그런데 불과 며칠 전까지만 해도 여러분과 함께 앉아서 배우던 도미니코가 또 죽을 줄은 몰랐습니다. 불과 한 해 사이에 벌써 이런 일이 또 생길 줄은……. 도미니코는 건강을 회복하기 위해서 또한 선종을 준비하기 위해서 고향의 부모님께로 갔었습니다. 그런데 4일간 앓다가는 그 깨끗한 영혼을 하느님께 바친 것입니다."

"도미니코의 아버지에게서 온 편지를 내가 읽어보았는데, 아주 퍽 감동이 되었습니다. 그 착하신 어른은 자기 아들을 제2의 성알로이시오라고 부르고 있으므로 더 적당한 이름을 찾지 못하겠습니다. 내가 좀 섭섭한 것은 그가 우리와 함께 있었던 시간이 너무 짧았다는 것이고 또 그 때문에 나도 그에게 많이 가르쳐 주지 못하고, 그를 좀더 잘 알 기회가 별로 없었다는 것입니다. 그의 성덕이나 그의 순결하고 단정한 태도 등은 모두 그의 웃어른들과, 그를 잘 알고 있으며 언제나 같이 이야기하던 여러분들이 나보다 더 잘 알고 있습니다. 더욱이 그의 부모님께 대한 순종심과 존경심, 바로 그 효성심 말입니다. 사실 도미니코는 그의 태도, 침묵, 공부에 대한 근면, 교실에서의 모습, 하여간 그는 사실 늘 칭찬을 받았고 또 받을 만했습니다. 나는 여러분이 모두 도미니코를 본받으라고 떳떳하게 말하고 싶었습니다.

도미니코가 우리 학급에 들어오기 전에 이미 나는 돈 보스코한테 그가 소년들 중에 가장 덕행이 높은 아이라는 이야기를 가끔 들었습니다. 실제로 그는 듣던 바와 다름이 없었고 공부에 열심했으며 우리는 우리 학급에 그를 기쁜 마음으로 받아들였습니다. 그리고 그에 대하여 아주 큰 성공이 있기를 기대하고 있었습니다. 그래서 나는 기숙 학원을 방문할 때마다 그의 순결함과 거룩함, 그 단정한 태도에 아주 감탄히였습니다. 하여간 학교에서의 공부나 일에 있어서 그는 한번도 나를 실망시키는 일이 없었습니다. 도미니코가 얼마나 성실하게 열심히 공부를 했는지는 여러분 자신이 증인이 될 겁니다. 그는 한번도 자기 공부를 소홀히 한 적이 없었으니까요.

나는 지금도 우리 학급, 바로 이 교실 안으로 그가 들어오는 모습이 눈에 선합니다. 들어와서는 의자에 조용히 앉아 수업이 시작될 때까지 공부하다가 선생님이 들어와서 가르칠 때는 전혀 한눈을 팔지 않던 그 열심한 모습! 당황해 하던 적이 전혀 없었습니다. 또 건강이 좋지 않아 앓고 있으면서도 보통 아이들보다 우수한 학생으로 이루어진 특수 학급에 들어가 항상 일등을 차지했습니다.

항상 나를 놀라게 하던 것은 기도할 때에 그가 하느님과 일치하던 그 모습입니다. 좀 착하다 하는 소년들도 잠깐만 기도하게 되면 분심하기가 쉬운 일입니다. 나는 그가 얼마나 많이 기도에 집중하여 하루를 하느님께 바치고 성모님께 드렸는지 압니다. 그는 이런 거룩한 정서로써 자기의 모든 행동과 말을 거룩하게 했습니다!

소년 여러분! 생명이란 하느님께서 우리에게 주시는 선물인데 만일 누가 오랫동안 살면서도 한번도 하느님께 바치지 않고 잠깐 동안의 기도조차 온전히 바치지 못한다면, 이 얼마나 슬픈 일이겠습니까! 여러분의 학우였던 도미니코 사비오의 거룩한 생활을 좀 생각해 봅시다. 지금은 하느님 나라에서 어떠한 상을 받아 누리고 있을 겁니다. 그의 품행과 여러분의 품행을 비교해 보고 여러분도 하느님께 온전히 바쳐야 한다는 것을 명심하기 바랍니다.

이제 도미니코를 여러분의 모범으로 삼고 그 영혼의 순결을 본받기 바라며, 그가 한 대로 여러분도 한 송이의 미소와도 같이 여러분의 일생을 하느님께 바칠 각오를 하면 좋겠습니다.

또 한 가지 더 말하고 싶은 것은, 이제 여러분의 공부와 품행이 좀 나아지고 완전히 개선되는 면이 보인다면 이것은 도미니코 사비오의 모범을 본받은 때문이라고 믿겠으며, 또한 이것은 도미니코 사비오가 자기 학급의 친구들과 선생님께 보내는 선물로 알겠습니다!"

27

도미니코는 우리 기숙 학원을
축복해 주었습니다

　우리가 지금까지 도미니코 사비오의 일생을 읽어 보고 알 수 있는 것은, 하느님께서 그에게 특별한 은혜를 주셨다는 것, 특히 찬란히 빛나는 덕행을 놀랄 만큼 내려 주셨다는 점입니다. 그가 살아 있을 때에 많은 이들이 그의 말에 감동되었고 그의 덕행을 본받았습니다. 많은 이들이 그의 온유함에 매력을 느꼈고 자신을 위해 기도해 달라고 청하기도 했습니다. 또 어떤 이들은 그가 살아 있을 때에 그를 통하여 은혜를 받았다고 와서 이야기하는 이도 있었습니다. 그가 죽은 후에 그에 대한 공경의 신앙 활동이 시작되었고 또 퍼져 나갔습니다. 그가 죽었다는 소식을 듣고 어떤 학생들은 그를 위해 "성모여, 그를 위해 빌으소서!" 하지 않고, "우리를 위해 빌으소서!" 하였으니, 이는 그가 이미 천당에 있으니 기도가 필요치 않을 것이라고 확신하였기 때문입니다. 친구들은 이렇게도 말했습니다.
　"만일 도미니코가 천당에 가지 못한다면, 누가 갈 것인가?"
　그날부터 계속하여 그의 몇몇 친구들은 도미니코를 자기들 생활의 모범으로 삼았으며, 천국의 보호자로 여기고 그에게 기도하였습니다.
　거의 매일같이 도미니코에게 기도를 드려서 그의 전달로 받았다는 각종 은혜에 대한 이야기가 들려오고 있습니다. 우선 내 자신이 잘 기억하고 있는 것은, 어떤 아이가 치통이 심해서 도저히 참을

수 없을 지경에 이르렀었습니다. 그때 그는 도미니코에게 기도하고 나서 갑자기 그 치통이 없어졌고 다시는 재발하는 법이 없었다고 했습니다.

또 어떤 사람들은 심한 열병에 걸려 도미니코의 전달을 구하고 기도드린 후에 나았고, 또 어떤 이는 즉시에 나은 것을 내가 알고 있습니다.

내 책상 서랍에는 많은 사람들에게서 온 편지가 있습니다. 도미니코에게 기도함으로써 병이 나았다거나 무슨 은혜를 받은 사람들에게서 온 것들입니다. 그런데 나는 여기서 이것을 일일이 열거하고 싶지는 않습니다. 왜냐하면 누구나 아는 사실이요, 또 대부분이 다 살아 있는 사람들이기 때문입니다. 그대신 나는 여기서 도미니코 사비오의 한 학급 친구가 그의 전달에 의하여 받은 은혜를 잠깐 이야기하려 합니다.

1858년에 이 소년은 아주 몹시 앓았습니다. 그래서 학교를 그만두게 되었고 학기말 시험도 치를 수가 없게 되었습니다. 그래서 그해 가을 내내 공부를 해서 11월에 시험을 보려고 매우 애를 쓰고 있었습니다. 이렇게라도 해서 1년을 그냥 넘기지 않고 한 학년을 뒤지지 않으려는 생각이었습니다. 그런데 그만 회복되려던 그의 병이 다시 너무도 심하게 되어 아무것도 할 수가 없었고, 집에서 휴식만 취해야 되게 되었습니다. 얼마 후에 다시 토리노에 와서 공부를 조금 시작하였으나 병이 재발하여 할 수 없이 멈추고 다시 쉬게 되었습니다. 그리하여 그는 편지를 쓰기로 하였습니다.

시험은 곧 닥치는데 건강은 점점 나빠져서, 힘이 없고 머리도 몹시 아프고 복통까지 심하여 도미니코에게 9일기도를 해보기로 했습니다.

"내 사랑하는 친구야, 그 전에 학교에서 우리는 같이 공부했었지. 거의 1년간이나 우리는 서로 학급에서 일등을 하려고 열심히 공부했었지. 이제 난 어쩌면 이번 시험을 못 치르게 될지도 몰라. 그러니 하느님께 기도드려서 내게 건강을 좀 회복시켜 주시게 해다오. 그래서 공부도 좀 할 수 있게 말이야."

이렇게 기도한지 5일째 되었을 때부터 갑자기 힘이 나고 몸이 회복되기 시작되어 다시 공부할 수가 있게 되었고, 시험 과목을 쉽게 파악하여 다른 학생과 같이 학기 시험에 합격할 수가 있었습니다. 병이 나은 것은 일시적인 것이 아니었습니다. 그는 "지난 2년간 이렇게 몸이 건강해본 적이 없었습니다"라고 내게 편지를 써보냈습니다.

이것으로써 나는 도미니코의 짧은 생애의 이야기를 마치려고 합니다.

이제 독자들이 이 전기를 읽고 나서 우리 모든 이에게 유익이 될 만한 결론을 내려 보라고 나는 청하고 싶습니다. 이제 우리의 생활 태도와 함께 해야 할 덕행 면에 있어서 도미니코를 본받도록 합시다. 도미니코는 어려운 환경에서도 항상 명랑하고 즐겁게 살았으며, 순결의 덕과 그 외 여러 덕을 닦았습니다. 행복한 죽음을 맞이하고 월계관을 받았습니다. 그러니 우리도 착한 죽음을 맞이하도록 도미니코를 본받아야 될 것입니다.

무엇보다도 고해성사에 있어서 그를 본받도록 할 것이니, 그 이유는 도미니코가 착한 죽음과 착한 생활의 비결을, 그리고 자기 생활의 힘을 이 성사에서 발견했기 때문입니다. 그러니 우리가 고해하러 갈 때에는 항상 우리의 지난 번의 고해성사가 제대로 잘 되었는지 한 번 생각해 보아야 할 것입니다. 만일 지난 번 고해성사가 제대로 안 되었을 경우에는 우선 잘 되도록 이를 반성하고 고치는 일을 먼저 해야 할 것입니다. 내 생각에는 이렇게 하는 길이 이 세상에서의 어려움을 이기고 행복하게 살다가 착하고 복되게 죽을 수 있게 하는 것이기 때문입니다. 그 다음에는 우리 구세주이신 예수를 기쁨으로 우리 마음속에 받아 모셔야 할 것이니, 예수께서는 우리를 자비로이 심판하시고 이 세상의 슬픔에서 영원한 세상의 만복으로 우리를 인도하시며, 거기서 우리는 영원히 하느님을 찬미하게 될 것이기 때문입니다. 아멘.

끝 말

　이 책의 이탈리아 어 원본에는 장(章)마다 주(註)를 달아 놓았고, 또 부록으로서 이 성인 소년의 죽음 뒤에 일어났던 몇 가지 기적과 발현을 덧붙이고 있으나 우리말 번역판에서는 모두 덜어 버리고 원본의 초판을 따르기로 하였습니다. 앞으로 만일 필요성을 느끼게 되고 기회가 있다면 덧붙일 수도 있는 것으로 생각합니다.

　이 책을 출판함에 있어서, 윤 주교님께서 몹시 바쁘심에도 불구하고 너그러이 머리말을 써주신 데 대하여 깊이 감사드리며, 또한 문체 수정을 도와주신 서창제 교수님께도 사의를 표하지 않을 수 없습니다.

　그리고 이탈리아 어 원본에서 번역한 후에 프랑스 어 번역판과 일일이 대조한 변기영 수사와 처음부터 읽어가면서 두 세 차례나 원고 정리에 땀을 흘린 이성직, 김정수 두 수사의 수고가 우리 소년들에게 한송이 꽃이 되어 안겨지게 됨을 매우 기쁘게 여깁니다. 이제 이 책에 뒤이어, 소년들을 몹시 사랑하고 소년들을 위하여 일생을 바친 성요한 보스코의 일생을 어서 속히 여러분에게 안겨드리려고 힘쓰고 있음을 미리 밝혀 두는 바입니다.

살레시오회 한국 대리관구
출판부장 리날도 기 수 현 신부

성 도미니코 사비오

지은이 : 성 요한 보스코
옮긴이 : 변기영
펴낸이 : 백기태
펴낸곳 : 성바오로
주소 : 서울 강북구 송중동 103-36
등록 : 7-93호 1992. 10. 6
교회인가 : 1967. 5. 6
1판 1쇄 : 1967. 9. 8
2판 1쇄 : 1990. 11. 10
2판 6쇄 : 2010. 11. 30
SSP 248

취급처 : 성바오로보급소
전화 : 9448--300, 986--1361
팩스 : 986--1365
통신판매 : 945--29/2
E-mail : bookclub@paolo.net
http://www.paolo.net

값 5,000원
ISBN 978-89-8015-363-3